스칸디나비아의 시니어 코하우징

SENIOR COHOUSING PROJECTS IN
SCANDINAVIA

활기찬 노후 세대를 위한 새로운 주거 대안

스칸디나비아의 시니어 코하우징

SENIOR COHOUSING PROJECTS IN
SCANDINAVIA

글 최정신, 이언 폴손Jan Paulsson | **사진** 최정신

어문학사

프롤
로그

Prologue

Prologue

금세기에 들어와 전 세계적으로 인류가 대면하고 있는 중대한 문제 중 하나는 노후 세대 증가와 그에 대한 대책 강구일 것이다. 출산율 저하와 노동력을 가진 청·장년층 인구 비율은 지속적으로 감소하는 데 비해 노년층 인구 비율은 상대적으로 증가하여 이들의 부양을 위한 공적 자금 투입이 급격히 증가하고 있다. 기대 수명이 다른 지역에 비해서 상대적으로 긴 유럽연합EU 국가들은 노인 인구 비율의 계속된 증가에 대한 대책을 강구하고, 그 대안을 모색하기 위하여 오래전부터 노인생활의 질 향상을 위한 연구가 집중적으로 진행되어 왔다. 그중에서도 특징적인 것 중 하나가 스칸디나비아를 중심으로 개발된 시니어 코하우징senior cohousing이다.

코하우징cohousing은 학자, 또는 나라에 따라 콜렉티브후스 kollektivhus, 부팰레스카버bofællesskaber, 코퍼러티브 하우징cooperative housing, 협동주택 등의 다양한 용어로 불리지만, 영어인 코하우징이라는 용어가 가장 일반적으로 사용된다. 시니어 코하우징도 코하우징의 일종으로 그 기본 개념은 코하우징과 동일하다.

코하우징은 현대인의 생활양식에 적합한 근린의 개념을 재정의하는 새로운 주거 유형으로, 주민의 사생활 보호와 공동 생활 이익 추구를 혼합한 것이다. 과거의 촌락공동체 사람들은 한 마을에서 오랫동안 서로 알고 지내왔기 때문에 각 가족의 성격, 재능 등 모든 것을 잘 알고 있었으며, 이러한 친밀한 관계는 상호 간 책임을 요구하기도 하지만, 한편으로는 안전과 소속감을 보장해 주었다. 코하우징은 이와 같이 장소와 이웃에 대한 공동체 의식을 재창조하기 위한 현대적인 모델로, 너무나 친밀하여 압박감을 느꼈던 종래의 공동체 환경을 개선하여 현대인의 사생활 보호 요구를 반영한 공동체 주거 방식이다. 어떤 종류의 주거가 우리의 직업과 육아를 성공적으로 결합해줄 수 있을까? 어떤 종류의 주거가 독신으로 사는 사람들의 이웃 관계를 증진해줄 수 있을까? 어떤 종류의 주거가 초로기初老期에 들어선 우리의 남은 삶을 활기차고 의미 있게 보존시켜 줄 수 있을까? 이러한 여러 가지 현대인의 요구를 반영하기 위하여 개발된 것이 바로 코하우징이다.

시니어 코하우징은 1980년대 초에 처음으로 덴마크 코펜하겐에 사는 중년층 몇 사람이 모여서 시작한 연구모임에서 유래되었다. 그들은 어디에 살든 간에 모든 노인이 대면하게 되는 고립감과 외로움을 피하고 나이가 들더라도 인간적인 존엄성을 유지하면서 살기를 희망하였다. 이 연구모임은 만남을 거듭하면서 점차 서로 가까워지게 되었고, 일상생활의 질을 높이기 위하여 함께 살기로 결정하였다. 그들은 이러한 거주 방식을 통하여 노인홈이나 요양원에 입주하는 기간을 더 늦추거나 아예 입주하지 않기를 희망하였다. 그들은 시니어 코하우징의 개척자로서 그 당시의 지방정부, 주택조합, 그리고 다른 노후 세대들의 사고방식을 바꾸기 위하여 부단히 노력했고, 그 결과 1987년에 코펜하겐 뫼른너파켄Mjølnerparken에 미드고즈그룹펜Midgårdsgruppen 코하우징을 완성하게 되었다. 미드고즈그룹펜의 경험은 그 후 덴마크의 시니어 코하우징 설립에 많은 도움을 주었다.

미드고즈그룹펜이 설립된 이후 점차 시니어 코하우징에 대한 사람들의 관심이 증가하게 되었고, 드디어 사회 각계에서는 시니어 코하우징을 노후 세대의 새로운 주거 대안으로서 인식하게 되었다. 사회사업가들은 이러한 생활방식이 노인들의 소외감을 덜어주고 행복감을 증가시킬 수 있는지에 관해서, 건축가들은 그러한 주거단지를 어떻게 디자인하는지에 관해서, 정치가들은 이것이 노인복지의 경제적인 해결책인지에 관해서, 그리고 가장 중요한 노후 세대들은 이 새로운 주거 대안의 개발 가능성에 관해서 대단한 관심을 보였다.

이러한 과정을 거쳐서 현재 스칸디나비아, 네덜란드, 미국과 캐나다 등지에는 많은 시니어 코하우징이 설립되어 있는데, 작게는 8~10명, 크게는 50~100명의 주민을 가진 공동체에 이르기까지 그 범위가 다양하다. 스칸디나비아에서의 수십 년간 시니어 코하우징의 경험을 통하여 코하우징에 대한 사용자들의 관심이 증가하였다는 것과 거기에 사는 사람들이 일반 주택에 사는 노후 세대보다 덜 고독하고 덜 아프다는 것이 입증되었다. 이러한 결과는 긴 안목에서 본다면 시니어 코하우징의 확산이 노인 생활의 질 향상뿐만 아니라 행정적인 입장에서도 노인 간호와 부양 서비스를 줄이는 효과를 가져옴으로써 노인 부양에 드는 사회적 비용 지출 감소에 기여할 수 있으리라는 예측을 가능하게 한다.

시니어 코하우징의 개발은 서구 사회와는 달리 아직까지 아시아 국가에서는 개발 사례를 찾아보기 어려운데, 이는 아마도 가족주의적인 노인 부양 체제를 가진 아시아 국가의 사회적 배경에 기인할 것이다. 그동안 노인 부양을 가족 차원에서 해결해 왔던 국내에

서도 최근 노후 세대들이 자녀와 그 가족에게 짐이 되고 싶지 않아서
자녀와 함께 살기를 원치 않는다. 이러한 사실은 가까운 미래에 자립
적으로 살고자 하는 건강한 노후 세대를 위하여 국내에서도 시니어
코하우징의 개발이 요구되리라는 점을 유추할 수 있다.

CONTENTS

시니어 코하우징의 환경 디자인
Design of Senior Cohousing Project

스칸디나비아 시니어 코하우징의 케이스 스터디
Case Study of Senior Cohousing Projects in Scandinavia

스칸디나비아의 사회복지정책과 노후 주택 대안

Social Welfare and Senior Housing
Alternatives in Scandinavia

인간은 나이가 들어가면서 사회복지의 혜택을 받으며 살아가게 된다. 노후에는 외부 활동은 축소되고 주택 내에서 지내는 시간이 점점 길어지므로 노후 세대를 위한 복지 혜택 중에서도 주거복지가 차지하는 비중은 매우 크다.

이 장에서는 스칸디나비아의 사회복지정책의 기본적인 틀을 소개함으로써 그들의 가족 유형, 연금, 의료복지, 그리고 다양한 노후 주택 개발에 대한 배경을 이해하도록 한다.

스칸디나비아의
복지 모델
Scandinavian Welfare Model

스칸디나비아의 복지 모델은 노르딕 모델, 또는 사회민주주의 모델이라고도 하며 빈부와 관계없이 모든 국민이 동등한 사회복지 혜택을 받는 보편적 모델universal model이다. 그러므로 이 모델의 기본원칙은 빈부의 차이, 고용이나 가족 상황과 관계없이 조건에 맞는 국민 모두에게 혜택이 돌아가야 하고, 국민 모두를 복지 혜택의 대상으로 하는 것이다. 그리고 수당은 개인적으로 지급되기 때문에 예를 들어, 기혼 여성은 남편과 독립적으로 복지수당을 받을 수 있다.

스칸디나비아 복지 모델의 조직 패턴은 다른 유럽 국가들보다 훨씬 단순하고 이해하기 쉽다. 대부분의 복지 업무는 중앙정부와 지방정부의 책임하에 있고 아주 극소수 부분만을 개인, 가족, 교회 또는 국립 복지 조직에서 수행한다. 스칸디나비아 복지 모델의 보다 중요한 특징은 개인적 상황에 대한 차별 없이 모든 국민이 정부로부터 광범위한 복지 서비스 혜택을 받을 수 있다는 점이다. 이러한 복지 서비스는 대부분 무료거나 보조금을 받는다. 즉, 전 국민의 건강 서비스와 교육은 모두 무료이고, 특히 이동mobility과 환경에 대한 욕구를 충족시켜주어야 한다는 사회보장법의 기본원칙에 따라 신체적, 정신적 장애인들에게 공동체 주거를 설립해준다.

스칸디나비아 국가에서는 노인 부양이 더 이상 가족이 아닌 사회의 의무가 되었고, 많은 사람이 자신을 스스로 관리할 수 없는 상황이 되면 요양원nursing home에서 노후를 보내는 것이 일반적이다. 요양원에서는 친절한 직원들이 가정적인 분위기를 만들기 위해 최선을 다하고, 직원이 거주인과 함께 가족처럼 일상적인 잡담을 나누는 시간도 근무 활동에 반드시 포함된다.

표 1-1 노르딕 국가의 출생 시와 65세 이상의 기대 수명(성별과 국가별 1996)

	출생부터		65세부터	
	여성	남성	여성	남성
덴마크	78.0	72.9	17.7	14.2
핀란드	80.5	73.0	18.7	14.3
아이슬란드	80.6	76.2	19.1	16.2
노르웨이	81.1	75.4	19.5	16.1
스웨덴	81.5	76.5	19.7	16.1

자료: Nordic database, Statistics Norway

표 1-2 노르딕 국가의 65세 이상과 80세 이상 인구의 변화 추이(2000년~2030년)

	2000년		2030년	
65+	명(1,000명)	비율(%)	명(1,000명)	비율 변화 (2000~2030)(%)
덴마크	784	14.7	1,077	37
핀란드	773	14.9	1,348	74
아이슬란드	32	11.6	60	86
노르웨이	684	15.3	1,064	56
스웨덴	1,543	17.3	2,230	45
합계	3,816	–	5,779	51
80+	명(1,000명)	비율(%)	명(1,000명)	비율 변화 (2000~2030)(%)
덴마크	205	3.8	270	32
핀란드	175	3.4	397	126
아이슬란드	8	2.8	14	77
노르웨이	192	4.3	311	62
스웨덴	461	5.2	739	60
합계	1,041	–	1,731	66

자료: Nordic database, Statistics Norway(2002)

2

덴마크의
사회복지정책
Social Welfare System in Denmark

1 연금제도Pension System

덴마크의 가족 유형은 다른 나라와 비교했을 때 매우 다양하다. 결혼結婚 가정 이외에도 동거同居 가정, 동성同性 결혼 가정 등이 법적으로 결혼 가정과 동등한 권리를 인정받고 있다. 덴마크에서는 1960년 이래 많은 사람이 결혼하지 않고 동거 형태로 살기 때문에 결혼률은 급격히 감소하고 있고, 또 결혼한 부부 중에서도 이혼율은 증가하고 있다. 부부가 함께 사는 가정의 1/5 정도가 결혼하지 않고 사는 동거 가정으로, 이러한 거주 유형은 특히 젊고, 자녀가 없는 가정에서 일반적이다. 그러나 이러한 동거 가정은 자녀가 생기면 대부분 결혼 가정이 된다. 덴마크에서는 1989년 이래 동성同性결혼 가정도 정식 가정으로 등록할 수 있게 되었다.

덴마크의 연금제도는 이러한 다양한 가족 유형에 잘 적응할 수 있도록 발달해 왔다. 연금은 65세 이상 노인에게 지급되며, 미성년 자녀교육, 실업 등 생계비 지원 대상 가정에는 사회보조금이 지급된다. 덴마크는 교육, 의료, 국민연금 등 폭넓은 사회복지제도를 운용하고 있으며 대부분의 사회보장비용은 정부에서 부담한다.

덴마크의 연금제도는 크게 조기은퇴연금제도Early retirement pension system와 고령연금제도Old age pension system로 구성되어 있다. 조기은퇴연금은 신체적, 정신적, 또는 사회적 이유로 영구히 일할 수 없는 18~65세 사이의 개인에게 주어진다. 사회적으로는 조기은퇴연금 수급자 수를 감소시키는 데 관심이 집중되고 있어서, 최근에는 잠재적 조기은퇴연금 수급자가 가능한 한 오래도록 노동시장에 남아서 그들의 잔존 능력을 최대한 발휘할 수 있도록 '쉬운 직업easier jobs'에 참여시키는 등, 다양한 계획들이 시행되고 있다.

고령연금제도의 핵심은 국가연금이며, 수혜 연령은 65세부터다. 국가연금은 거주 기준에 기초하여 덴마크에서 최소한 10년 이상 거주하고, 반드시 연금 수급 개시 5년 전부터 덴마크에 거주한

15~65세 이상에게 지급된다. 국가연금은 국민 누구에게나 지급되는 기초연금이고, 이에 추가하여 수입에 따라 지급되는 보조연금이 있다. 보조연금은 모든 임금소득자가 납부한 연금보험, 즉 노동시장의 연금기금에서 나온다. 마지막으로 개인연금 저축이 있는데, 정부에서는 이 저축에 대해 세금 감면 혜택을 줌으로써 가입을 장려하고 있다.

그러므로 덴마크의 고령연금제도는 3중 보장제도다. 즉, 모든 국민이 고령이 됐을 때 곤궁해지지 않도록 기본적으로 보장해 주는 국가연금, 직장에 고용된 기간 동안의 수입과 연관된 고용기반 연금, 그리고 마지막으로 2가지 연금 프로그램의 보조적 역할을 하는 개인연금 저축이다.

2 건강부양 시스템Health Care System

대다수 국민이 건강을 유지하도록 하는 것이 복지국가의 필수조건이다. 덴마크의 국민 건강에 대한 관심은 18세기 중반부터 시작되었는데, 이 시기에 빈곤 계층, 하인 계층, 그 외에 부양가족이 없는 사람들을 위한 10~20병상의 소규모 병원이 지방정부에 의해서 각 마을에 설립되었다. 중앙정부는 이 병원에 의사를 파견하여 재정적으로 곤궁한 환자를 치료하고 식품 안전, 전염병의 위험 등을 관리하는 업무를 지방정부에 맡겼다. 그 후 1757년 300병상의 왕립 프레데릭 병원Royal Frederik's Hospital이 코펜하겐에 설립되었고, 18세기 후반에 영아 사망률을 감소시킬 목적으로 산부인과 병원에 조산원助産員 학교가 설립되었다. 19세기 후반에는 덴마크 대부분의 마을에 병원이 설립되었고, 현재는 중앙정부에서 4개의 대규모 정신병원을 운영하고 있다.

덴마크는 1960년경에 스웨덴, 노르웨이, 네덜란드 다음으로 평균 수명이 가장 긴 나라였고, 1990년에는 아일랜드, 포르투갈, 일본, 쿠바 다음으로 전 세계에서 평균 수명이 가장 긴 나라가 되었다.

덴마크는 서유럽 국가 중에서 자살률이 높지만 최근에는 감소하는 추세다. 치매를 포함한 정신질환도 중요한 질병으로, 덴마크 국민의 10% 정도가 집에서 살기 힘들 정도의 정신질환으로 고통받고 있으며, 이 비율은 연령이 증가할수록 더욱 높아진다.

1-1
18세기에 빈곤 계층과 부양가족이 없는 사람들을 위해 설립되었던
덴마크의 사회복지시설(덴마크 코펜하겐 민속촌 내).

덴마크에서는 중앙정부와 지방정부가 질병의 예방과 치료를 담당하도록 법으로 규정하고 있는데, 건강 서비스는 주로 지방정부가 집행한다. 지방정부는 공공 건강보험을 통하여 필수적인 재정을 공급하고 약품 보조금을 지원할 의무가 있으며 병원 서비스를 유지하는 업무도 맡는다. 어린이들은 학교 내에 설치된 치과 진료실에서 정기적으로 검진과 진료를 받는데, 18세 이하의 청소년은 비용이 전액 무료다. 지방정부는 노인과 장애인을 위한 가정간호, 가정방문 담당 직원 부문까지 담당하고 요양원 운영과 기타 노인 부양 서비스를 제공한다.

3

스웨덴의
사회복지정책
Social Welfare System in Sweden

1 연금제도Pension System

전 세계에서 덴마크와 스웨덴을
복지국가로 인정하는 이유는 잘 발달한
사회보장제도 때문이다. 스웨덴은 일찍이
1900년대 초부터 보편주의universalism를
기본으로 하는 복지국가 모델로 스칸디나
비아 유형의 전형을 이루었다. 스웨덴은
경제성장과 더불어 복지사회를 지향하기
위한 '인민의 집folkhuset' 건설을 주창하여
경제와 복지를 성공적으로 발전시켜왔으
며, 시장경제와 사회민주주의의 정치철학

을 합리적으로 조화시킨 대표적 국가다. 스웨덴의 복지 체계는 복지 서비스, 사회보험, 그리고 공공 부조를 적극적으로 노동시장 정책과 통합시킨 사회보장체제다.

그러나 한편으로는 스웨덴의 사회복지가 모든 국민을 기본으로 하는 것은 사실이지만 사실상 보다 많은 지원을 필요로 하는 사람들, 즉 '사회적 약자'들에게 더 많이 주력해 왔기 때문에 완전한 보편주의 모델이라고 말하기는 어렵다. 사회적 약자인 어린이가 있는 가족, 노인, 실업자, 장애인과 환자들을 위하여 경제적 안정을 지원하려는 스웨덴 정부의 노력은 꾸준히 지속되어 왔고, 스웨덴 국민들은 높은 수준의 공적 부양 혜택을 누리고 있다. 최근 수십 년간 급격히 증가한 여성 고용에 따라 부모 보험, 어린이 보험, 그 외 사회 서비스 보험들이 급격하게 발달했다. 현재 스웨덴의 여성 고용률은 전 세계적으로 최고치를 기록하고 있다.

1999년에는 전 국민을 대상으로 하는 종전의 기초연금 이외에 평생 수입에 기초한 소득연금을 도입한 새로운 연금제도가 소개되었다. 새 제도와 종전 제도의 차이는 첫째, 아이를 양육하느라고 집에서 보낸 기간, 학교에서 교육을 받는 데 보낸 기간, 군 복무 기간 등을 최종 연금에 가산하는 점이다. 둘째, 소득이 없거나 아주 낮은 사람의 경우에는 최저생활을 영위할 수 있는 부가연금이 보장된다는 것이다. 셋째, 연금기금 내에서 자기가 선택하여 개인적으로 저축하는 프리미엄 연금을 필수조항으로 하는 것이다. 기본보장보험은 최소 3년 이상 스웨덴에 거주한 사람이면 누구나 받을 수 있으나 전액보장보험은 16~64세 사이에 40년 이상을 스웨덴에서 거주한 사람만 받을 수 있다. 스웨덴의 통상적인 퇴직 연령은 65세지만, 새로운 연금제도는 퇴직 연령을 61세부터 탄력적으로 선택할 수 있도록 운영하고 있다.

2 건강부양 시스템Health Care System

건강보험은 개인이 병에 걸렸을 때 세금에서 최대한 비용을 부담하고 개인 비용을 최소화하려는 방향으로 계획된 것이다. 역사적으로 보면, 스웨덴에서 복지국가의 기초는 1891년에 통과된 건강보험법을 지원하기 위하여 19세기에 처음 시작되었다. 1932년 이래, 사회민주당the Social Democratic Party은 개인적 상황에 차별을 두지 않고 전 국민을 대상으로 보다 공정하고 기본적인 공적부양제도를 마련하는 데 주력해 왔다.

환자가 건강 서비스를 의뢰하면 의사와 상담 시 환자 1인당 60~300 스웨덴 크로나(약 9,600~48,000원)를 지불하게 되어 있지만 그 지불액은 연간 최대 900 스웨덴 크로나(약 150,000원)를 넘지 못하게 되어 있다. 마찬가지로 환자들은 처방 약에 대해서도 최초 900 스웨덴 크로나(약 150,000원)를 지불하지만 약값이 증가하더라도 연간 최대 1,800 스웨덴 크로나(약 300,000원)를 넘지 못하게 되어 있다. 장기 보호 시설에서의 부양 비용은 일당 80 스웨덴 크로나(약 13,000원)를 넘지 못하고, 20세 이하의 청소년에 대해서는 의료와 치과 치료 비용이 모두 무료다. 만일 직장인이 병을 앓게 되면 고용주는 2~21일까지 급료의 80%를 지급하고, 22일 이후에는 건강보험에서 직장인의 종전 급여의 80~97%에 해당하는 질병수당을 받는다. 현재 스웨덴에서는 장기적인 질병으로 인한 직장의 공백을 타파하기 위하여 건강보험에 대한 여러 가지 개선책을 마련하고 국민들에게 재활운동을 장려함으로써 장기간 직장을 떠나 질병수당을 받거나 장애연금, 작업부상수당 등에 의존하여 조기 퇴직하는 것을 방지하고 있다.

국제적 기준에 따르면 스웨덴인의 건강 상태는 비교적 우수하지만, 최근에는 과체중 문제가 심각하고, 정신질환도 증가하는 추세다. 한편, 고령 인구, 특히 80대 이상의 고령층이 크게 증가하여 2000년에는 65세 이상 인구가 전 국민의 18%를 차지하는 등, 스웨덴은 전 세계적으로 최고령 국가가 되었다.

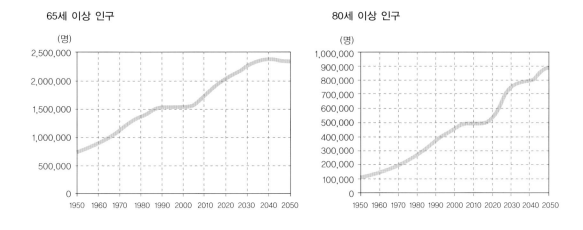

65세 이상 인구   80세 이상 인구

1-2

스웨덴 고령 인구의 증가 추이(65세와 80세).

자료: Äldres boende, SABO, 2001.

스웨덴 국민은 누구나 가족 주치의 또는 일반의를 선택할 수 있다. 모든 학령 전 어린이는 예방접종, 건강검진, 건강상담을 무료로 받을 수 있고, 임산부들은 전체 임신 기간 동안 조산원과 의사들로부터 무료로 정기검진을 받을 수 있다. 지역 간호사들은 사무실에서 또는 직접 환자의 가정을 방문하여 의료 처치와 보조 업무를 제공해 준다. 그 외에 물리치료 서비스와 학교 건강 서비스도 가능하다. 환자, 장애인이나 노인들은 주택을 개조하고 기계보조장치technical aids를 이용하면서 집에서 의료와 간호 서비스를 받을 수 있기 때문에 종전보다 자기 집에서 살기가 더욱 편해졌다. 그럼에도 불구하고 자기 집에서 살기가 어려운 사람은 요양원에 입주하여 24시간 필요한 간호 서비스를 받을 수 있다. 노인과 장애인을 위한 가정간호 home-care 서비스는 지방정부의 책임하에 있고, 지방정부는 장기보호시설에서 정신질환을 앓고 있는 환자들에게 부양 서비스는 물론, 직업과 거처까지도 마련해 줄 책임이 있다. 스웨덴에서 대부분의 사회보장제도는 중앙정부에서 감독하지만 각 지방정부의 자치권이 큰 영향력을 지닌다.

스칸디나비아의
노후 주택 대안과
시니어 코하우징

Senior Housing Alternatives and
Senior Cohousing in Scandinavia

1 스칸디나비아의 노후 주택 대안

여러 요인 중에서 노인이 자립적으로 생활하기 위하여 최종적으로 필요한 요소는 주택이다. 스칸디나비아 국가의 노인 주택 발달과 종류는 국가별로 큰 차이가 없어서 여기에서는 덴마크와 스웨덴을 따로 구분하지 않기로 한다.

오래전부터 스칸디나비아에서는 노인들이 자기 집에서 가능한 한 오래 살 수 있도록aging-in-place 지원하는 방안이 노인주택정책의 기본 이념이 되어 왔다. 다른 국가들과 마찬가지로 스칸디나비아의 노인들도 대부분 일반 주택에서 산다. 스웨덴의 경우 65~84세 노인의 95%는 일반 주택에서 사는데 단독주택과 아파트가 반 정도를 차지하고, 5%만이 그룹홈group home, 요양원, 또는 서비스 주택 등과 같은 특수 주택special housing unit에서 산다. 이보다 더 고령인 85세 이상이 되면 일반 주택에서 사는 비율이 더욱 감소하여, 34%가 특수 주택에 거주한다. 90세 이상이 되면 50%가 특수 주택에서 거주하는데, 이러한 거주 유형은 앞으로도 지속되리라 추측된다.

스칸디나비아에서 사회복지법이 개정되기 이전인 1980년대에는 노인이나 장애인이 스스로 자기 집에서 살 수 없을 경우, 주거와 서비스가 패키지package로 마련된 시설로 입주하였다. 그러나

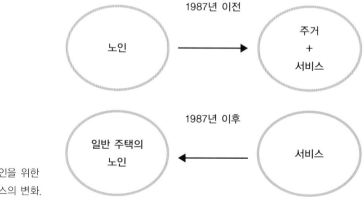

1-3
스웨덴 노인을 위한
주거 서비스의 변화.

법안 개정 이후 노인과 장애인이 요양원nursing home과 같은 시설에 들어가지 않고도 자립적으로 자기 집에서 살도록 지원해 주는 정책으로 바뀌면서 사람이 서비스를 찾아서 이동하던 종전의 방식에서 서비스가 사람을 찾아오는 현재의 개념으로 변화했다(1-3). 그들은 자기 집에 살면서 가정봉사원home-helper 서비스를 받을 수 있고, 일상적인 가사를 해결할 수 있도록 장비를 빌릴 수도 있다. 더욱이 지방정부에서 고용한 간호사가 가정을 방문하여 돌보아 주는 가정간호 서비스를 받을 수도 있다(1-4~1-5 참조). 그러나 만일 그러한 서비스를 받으면서도 스스로 생활할 수 없을 경우에는 특별히 계획된 특수 주거나 소규모 공동체 주거로 입주할 수도 있다(1-6~1-8 참조).

이러한 특수 주거 대안을 개발할 때, 가장 중요하게 고려해야 할 점은 일상생활에 거주자가 직접 참여할 수 있도록 소규모 단위로 구성하여 가정적인 분위기를 만들어 주는 것이다. 이러한 노인과 장애인을 위한 주택 개발과 서비스는 지방정부가 그 책임을 맡고 있다.

1965년경에 등장한 서비스 주택service house과 요양원nursing home은 '100만 호 프로그램'이라는 신축 주택 양산과 함께 건물의 디자인과 수준도 점차 발전하였고, 그 후 15년간 많은 건물이 신축되었다. 그러나 1970~80년대에 특히 노인홈Old people's home: Äldreboende에 대한 일반인들의 불만이 커져, 노인 및 중증重症 장애인을 위한 소규모 서비스 주택이 대량 건설되었다. 이 주택들은 대규모 주택 단지 중심에 위치하고, 종전의 긴급 통보 장치alarm 대신에 24시간 근무하는 직원을 배치하였다. 이 서비스 주택

1-4

1-5

1-4
노인과 장애인이 자기 집에서 편히 살 수 있도록 지원해 주는 주택 개조와 가정봉사원 제도.　　　　　(사진: 최재순)

1-5
노인과 장애인이 사용하기 편리하도록 지방정부에서 개조해 준 개인 주택의 부엌.
　　　　　(사진: 최재순)

에는 침실·거실·욕실, 부엌이 갖추어져 있고 뷔페식으로 자기가 식사를 가져다 먹을 수 있는 공동 식당이 있어서 주민들이 사용할 수 있다. 그 외에 취미실, 오락 시설 등을 갖춘 코먼하우스가 겸비되어 있다(1-6~1-8).

1980년대에 들어서 계속 증가하는 치매가 사회적 문제로 부각되어 특수 주택, 즉 여러 가지 모델의 그룹홈group homes이 개발되었다. 특수 주택은 보통 그 목적에 따라 이름을 붙이는데 예를 들면 치매 주택dementia unit, 보호 주택care unit, 임종 주택hospice unit 등으로 불린다(1-9, 1-10 참조).

지방정부에서는 주당 30~35시간의 부양 서비스를 경제적 측면에서의 기준점으로 보고 부양 서비스가 이 시간을 초과하면 그 노인에게는 일반 주택보다는 특수 주택에서 부양하는 것이 더 경제적이라 판단하여 특수 주택 입주권을 준다. 최근의 일반적인 경향은 노인들이 대부분 오래도록 일반 주거환경에서 살다가 더 이상 자기 관리를 할 수 없는 초고령 노인이 되어서야 특수 주택에 입주하므로 임종 시까지 특수 주택에서 사는 기간은 점점 짧아지는 추세다.

1-6
특수 주거인 스웨덴 예테보리 비욀라 서비스
주택 (Bjöla Äldreboende)의 외관.

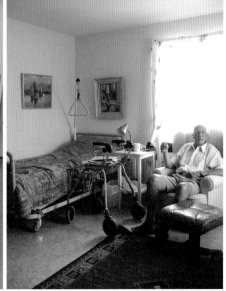

1-7

1-8

1-7
스웨덴 예테보리 비윌라 서비스
주택의 코먼하우스와 정원.

1-8
스웨덴 예테보리 비윌라 서비스
주택 개인실의 간이 부엌과 침
실 겸 거실.

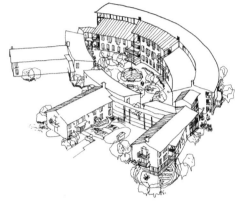

a	b
c	

a 한 건물에 1층에는 치매 노인 그룹
   홈, 2층에는 노인용 코하우징이 함
   께 위치한다.

b 투시도 중에서 밖으로 튀어나온
   세 개의 날개(wing) 부분이 치매
   노인용 그룹홈이다.

c 그룹홈에서는 치매 노인들이 잔존
   능력을 유지하기 위하여 일상생활
   중에 전문직원들의 도움을 받는다.

1-9
스웨덴 알링소스의 샤프테넨(Kaptenen)
치매 노인 그룹홈.

1980년대 이후에는 서비스 주택과 요양원도 다시 시대에 뒤떨어진 대안이 되었고, 그 개념과 건물 디자인은 더 이상 허약한 노인들, 특히 치매 노인들을 부양하기에는 부족하게 되었다. 그러나 경제적인 관점에서뿐만 아니라 급증하는 노인 인구의 양적인 충족을 위해서도 새로운 서비스 주택과 요양원을 계속해서 짓는다는 것은 불가능하였다. 따라서 지리적, 사회적으로 자기가 익숙한 지역사회 환경에서 수준 높은 생활의 질과 이익을 누리면서 살 수 있는 주거환경, 즉 aging-in-place가 노인을 위한 새로운 주거 대안으로 주목을 받게 되었다. 이에 지방정부는 중앙정부로부터 보조금을 받아서 재택노인들을 위한 가사 지원 서비스와 가정간호 서비스 프로그램을 시행하여 대부분의 노인들이 안전하게 자기 집에서 계속 살 수 있게 장려하고 있다.

1-10
치매 노인 그룹홈과 서비스 주택을 함께 설치한 스웨덴 위스타드(Ystad)의
비스앵아(Vigs Änga) 노인홈.   (사진: 정미렴)

2 노인주거의 새로운 도약:
시니어 코하우징의 등장

일반적으로 스칸디나비아에서는 심각한 장애가 없는 노인들에 대해서는 부양 의무를 점차 축소하는 추세다. 이러한 노인들은 좋든 싫든 간에 자기들 스스로 더욱 더 매력적이고 안전한 대안을 찾아야만 했다. 그러므로 시니어 코하우징의 발달은 노인 부양의 책임을 지역사회 보호community care로부터 개인individualization으로 전환한 대안 중 하나라고 볼 수 있다.

시니어 코하우징은 건강한 노인들이 거주하는 주택이므로 특수 주택이 아닌 일반 주택에 속한다. 시니어 코하우징은 전체 주택 재고량 비율로 본다면 높은 것은 아니지만, 점차 주민들의 만족도가 높고 사용자들 사이에서 인기가 높아지고 있어 스칸디나비아에서 노후 주택 대안의 좋은 본보기로 간주되고 있다.

1980년대에 시작된 시니어 코하우징senior cohousing은 덴마크와 스웨덴에서 유사하게 시작되었지만 두 나라 사이에는 약간의 차이가 있다. 덴마크와 스웨덴에서는 1970년대부터 이미 개발되어 있었던 연령 통합형 코하우징의 주민들이 나이가 들면서 노인홈으로 이주하지 않고 자신들이 살던 코하우징에서 계속 살기를 희망했고, 그들을 위한 새로운 대안이 필요했다. 이에 덴마크 정부에서는 건강하고 활동적인 노후 세대를 위하여 효율적인 '인생의 나머지 반Second Half of Life'을 지원하는 전략으로서 시니어 코하우징 설립을 지원하게 되었다. 이처럼 덴마크에서는 중앙정부와 지방정부에서 노인복지정책을 개정할 때 기존에 있었던 부팰레스카버bofællesskaber, 코하우징와 병행하여 시니어 코하우징이 자연적으로 발달된 것이다. 반면 스웨덴에서는 그 시기에 지방정부에서 노인용 서비스 주택을 감소시키기 위하여 새로운 대안이 필요했는데, 이때 시니어 코하우징이 손쉬운 대안이 되어 시니어 코하우징이 개발되었다. 이러한 시니어 코하우징 단지들이 덴마크와 스웨덴에서 생기기 시작하자, 뒤이어 노르웨이·핀란드·아이슬란드 등의 스칸디나비아 국가들은 물론 미국과 캐나다에도 생기게 되었다.

북미 대륙의 시니어 코하우징은 덴마크 코하우징의 영향을 받아 미국인 찰스 듀렛Charles Durrett과 그의 부인 캐스린 맥커맨트Kathryn McCamant가 1988년 덴마크의 연령 통합형 코하우징 모델을 자신들의 책『코하우징, 우리를 위한 주거의 현대적 접근Cohousing: A Contemporary Approach to Housing Ourselves』에서 처음 소개하면서 독자들에게 알려지게 되었다. 이어서 시니어 코하우징은 듀렛이 2009년에『시니어 코하우징 핸드북Hand Book of Senior Cohousing』을 출판하면서 북미 대륙에 알려지게 되었고, 그 이후 미국과 캐나다에서도 시니어 코하우징이 꾸준하게 노후 세대 사이에서 인기를 끌게 되었다.

시니어 코하우징

Senior Cohousing

시니어 코하우징은 건강하고 자립적인 노후 세대를 위한 주거 대안이다. 원래 코하우징의 역사를 거슬러 올라가면 1940년대부터 시작된 서비스 모델(service model)의 코하우징에서 유래되지만 주민 참여를 기반으로 하는 자치관리 모델(self-work model)인 현대적 코하우징은 1970년대부터 덴마크에서 시작되었다.

이미 직장에서 은퇴했거나 은퇴를 앞둔 55세 이상의 주민들이 스스로 주거 단지를 구성하고 자발적으로 공동 활동에 참여하면서 생활하는 시니어 코하우징은 새로운 노후 주택 대안으로 주목받고 있다.

1

시니어 코하우징의
정의
Definition of Senior Cohousing

시니어 코하우징은 지역사회 안에서 나이 들어서도 잘 사는 데aging-in-place 초점을 두고 개발된 노후 주택 대안의 하나다. 시니어 코하우징의 주민들은 상호협동을 통하여 스스로 단지를 관리하고 서로 돌보며 자기들이 필요할 때는 지역사회 보호를 신청할 수도 있다. 시니어 코하우징은 연령 통합형 코하우징과 마찬가지로 코먼하우스common house와 소규모의 개인 주택private dwelling으로 구성되며, 커뮤니티의 이념을 존중하면서도 프라이버시privacy를 확보해준다. 주민들은 연금 수입으로 안정된 생활을 누리면서 나이가

2-1

교통이 편리한 위치에 소
규모로 구성된 김레 시니
어 코하우징(Gimle Se-
nior Cohousing)의 개인
주택과 코먼하우스(덴마
크 코펜하겐 근교 노스질
랜드(North Zealand)).

2-2
스웨덴 묀달 코르넷 시니어 코하우징(Möndal Kornet Senior Cohousing)의
개인 주택 내부.

들어서도 이웃과의 상호 협조와
사회적 교류를 통하여 인지기능
을 활성화시키며 정신을 풍요롭
게 할 수 있다. 시니어 코하우징
의 주민들은 살아가면서 재미있
는 많은 일들을 이웃과 함께 나
눈다.

시니어 코하우징의 주민들이 공동체로 이주하는 이유는 나이가 들면서 젊었을 때 살던 주택이나 정원 관리가 부담되어서, 이웃과의 사회적 교류를 통하여 고독감을 덜기 위하여, 그리고 은퇴 후 자신들이 가진 유휴 인적자원을 활용하면서 생활하기 위하여 등 다양하다. 그들은 한번 입주하고 나면 최대한 오래도록 그곳에 거주하기를 희망하므로 나이가 들어도 계속 살기 편하게 이동성에 지장이 없는 유니버설 디자인universal design으로 지어진 주택을 선호한다. 그리고 시내 중심지의 편리한 위치에 있고, 디자인이 잘 되어 있는 코하우징은 더욱 인기가 높다.

2-3
SABO 공영 주택회사에서 공급한 스웨덴 스톡홀름의 그림스타 노인용 코하우징(Grimsta Senior Cohousing).

자료: SABO(1992)

시니어 코하우징은 노인들이 살 수 있는 다른 주택 대안보다 훨씬 더 경제적으로, 사회적으로, 환경적으로 지속 가능하고 저렴한 주택을 제공한다는 장점이 있다. 그러므로 주민들이 이곳에서 만족스러운 생활을 영위하며 동년배의 다른 사람들에게도 시니어 코하우징을 추천할 정도로 스칸디나비아에서 시니어 코하우징에 대한 전반적인 평가는 매우 긍정적이다.

시니어 코하우징의
입주 연령
Age Limit of
Senior Cohousing Residents

시니어 코하우징에 입주하려면 타인의 도움을 받지 않고 자립적으로 살 수 있도록 신체와 정신이 건강해야 하고 함께 거주하는 자녀가 없는 부부 또는 독신 노인이어야 한다. 대부분의 시니어 코하우징에서는 입주 연령에 제한이 없고 시니어 코하우징의 이념에 찬성하는 사람이면 누구나 환영하지만, 어떤 공동체는 연령에 제한을 두기도 한다. 입주 연령에 제한이 있는 경우에는 대부분 부부 중 한 명이 55세 이상이면 가능하고, 50세 또는 40세 이상인 경우도 있다. 예를 들면, 덴마크에서는 55세, 네덜란드에서는 50세다.

덴마크의 경우에 55세 이상으로 입주 연령을 제한하는 것은 시니어 코하우징을 지을 때 노인 주택자금을 지원받는 연령과 관계가 있다. 한편, 스웨덴의 경우에는 원래 55세 이상이었던 입주 연령을 2000년 이후에 40세 이상으로 낮추어 가는 추세인데, 이것은 시니어 코하우징의 경험을 통하여 주민들이 고령화되면서 공동체 전체가 함께 고령화되고 활기를 잃는 것을 보완하기 위한 대안이다. 스웨덴의 경우, 입주 연령을 40세 이상으로 낮추어 명칭도 '시니어 코하우징'보다는 '+40코하우징'이라는 용어를 즐겨 사용한다.

이러한 '+40코하우징'의 목적은 아직 사회에서 직업 활동을 하는 중장년 세대를 주민으로 유입함으로써 은퇴한 노후 세대들이 사회로부터 고립되고, 자칫 공동체 전체가 동시에 고령화되기 쉬운 시니어 코하우징의 단점을 극복하기 위한 것이다. 이렇게 함으로써 시간적으로 여유 있는 은퇴한 세대들은 유휴 인적자원을 공동체의 공동 활동에 투자하여 직장생활로 분주한 중·장년층들의 가사 노동 시간 부담을 줄여주고, 직장생활을 하는 세대들은 외부 사회의 신선한 활력을 공동체로 끌어들임으로써 주민 간의 요구를 상호 보완할 수 있다. 이러한 '+40코하우징'은 스웨덴의 독특한 사례로서 시니어 코하우징 입주를 희망하는 사람들에게 좋은 호응을 얻고 있다.

스웨덴에서 시니어 코하우징의 수는 2000년대 이후로 계속 증가하여 2005년에 약 18,000개에 달했고, 소유 형태는 개인, 조합, 공영 임대 등 다양하다. 2010년에는 스웨덴 코하우징의 공식 홈페이지인 콜렉티브후스 누www.kollektivhus.nu에 40개의 코하우징 단지가 등록되었는데 이 중 8개의 시니어 코하우징이 포함되어 있고, 시니어 코하우징 중 4개가 +40코하우징이었다.

2-4
SABO 공영 주택회사에서 공급한 빙어셔헴(Vingåkerhem) BO
55 시니어 코하우징 단지(스웨덴 빙어셔 코뮨 Vingåker Komun).

자료: SABO(1992)

3

시니어 코하우징의
상호 부양

Co-care in Senior Cohousing

상호 부양co-care은 시니어 코하
우징 이념의 핵심이고 성공 비결이다. 덴
마크의 한 연구에서는 시니어 코하우징에
서의 상호 부양이 일반적인 주택에서 사
는 것보다 노인들을 10여 년이나 더 오래
살게 해준다는 사실이 밝혀졌다. 상호 부
양이란 주민들이 아픈 이웃을 서로 간호
해야 한다는 뜻이 아니라 공동체 안에서
서로 도우면서 생활함으로써 사회적 고립
감을 줄여주고 긍정적이고 활동적인 노화
를 지원하는 시니어 코하우징 이념의 근
간이 된다. 상호 부양은 공동체 주민 모두
가 상호 의존한다는 사실을 인지하여 주

민 각자의 자립성을 촉진해준다. 그러나 공동
체 안에서 상호 부양을 주고받는 것은 전적으
로 자발적이고, 주민 각자가 이웃과 함께 운전,
요리, 산책하는 활동 등을 통하여 서로 지원할
수 있는 방안을 선택할 수 있다. 주민들은 좋은
이웃이 됨으로써 공동체 안에서 서로 성공적인
노화를 돕고 그러한 활동을 하면서 즐거움을
느끼게 된다.

2-5
주민 간의 고립감을 줄여주는
주민공동회의 참가(스웨덴 스톡
홀름 쇠화르텐 +40코하우징).

2-6

공동 활동을 알리는 코먼하우스의 게시판. 주민들의 자발적인 참여를 독려하고 있다.

2-7

공동 조리작업을 수행하면서 상호 부양은 이루어진다(스웨덴 스톡홀름 패르드크내팬 +40코하우징).

2-6

2-7

시니어 코하우징의 설립과 공동 활동

Establishment and Shared Activity of
Senior Cohousing

시니어 코하우징의 설립은 미래 주민 집단이 주체가 되어 시작하는 것이 성공적인 공동체 운영을 위하여 바람직하다. 이는 연령 통합형 코하우징과 마찬가지로 코하우징의 성공은 미래의 주민들이 계획 초기 단계부터 함께 참여하고, 건축가들과 지방정부의 적절한 충고와 안내를 받는 것에 따라 좌우되기 때문이다. 그리고 설립된 공동체 내에서의 공동 활동은 코하우징의 기본 이념이다.

시니어 코하우징의 설립 과정

Establishment Process of
Senior Cohousing

일반적인 코하우징의 설립 과정은 〈표 3-1〉에서 알 수 있듯이 코하우징을 구상하는 보통사람들의 모임에서부터 시작된다. 이들은 지방신문에 공고를 내어 이념이 맞는 사람들을 모집하고 최초의 설립모임을 가진다. 이 최초의 집단은 꾸준히 회의하며 그룹의 구성과 공동체의 아이덴티티identity를 설정하고 문제를 인식하며 파악하는 과정을 거친다. 이 과정에서 많은 사람이 도중에 포기하거나 새로 추가되기도 하는데, 참여자가 처음보다 감소되는 것이 일반적이다.

지속적인 참여자들이 구성되면 단지의 디자인을 구상한
다. 이때 지방정부가 개입하게 되면 지방정부가 디자인에 관여하기
도 하는데, 이는 공영 임대주택의 경우에 일반적이다. 디자인 안은
미래 주민과 건축가 사이에 긴밀한 토론을 거쳐 결정되는데, 이때 주
민들의 의견을 최대한 반영하고 경제적 부담을 줄이기 위하여 오랜
시간이 걸린다. 건물 디자인이 끝나면 대지 구입과 건축 비용을 충당
하기 위해 은행 융자 등을 통하여 구체적인 자금을 마련하고, 세세한
부분의 입주자 규약도 결정한다. 이 모든 과정이 끝나면 비로소 주민
들의 이주와 공동 생활이 시작된다.

표 3-1 코하우징의 설립 과정

1) 구상을 가진 시민들의 모임
2) 그룹 구성과 공동체의 아이덴티티 설정
3) 문제의 인식과 파악
4) 주거 단지 디자인 구상(지방정부 개입 시 지방정부의 디자인 실시)
5) 자금 마련
6) 구체적인 조약과 규정 설정
7) 이주와 공동 생활의 시작

자료: McCamant & Durrett(1994)

코하우징 공동체의 설립은 이와 같이 비교적 복잡한 과정을 거치기 때문에 일반 주택보다는 개발하는 데 시간이 더 걸린다. 덴마크 최초 코하우징의 경우에는 발주에서 입주까지 3~4년이 걸렸지만 현재는 노하우know-how가 축적되어 기간이 좀 더 단축되었다. 주민들이 다수이기 때문에 개인적으로 주택을 짓는 경우보다 의견이 일치되는 데 시간이 더 걸리지만, 미래의 주민들이 계획 과정에서 반대 의사를 표현한다는 것은 어떤 의미에서는 그들이 공동체에 더 많은 관심을 가지고 있다는 증거로 볼 수 있다. 만일 그들이 자기 의견에 맞지 않는 사항에 대하여 반대 의사를 표시하지 않는다면 입주자 간에 새로운 아이디어를 교환할 기회도, 서로 가깝게 사귈 기회도 없어질 것이다. 이와 같이 코하우징의 설립 과정에서 주민 참여는 매우 중요하다.

시니어 코하우징의 설립 주체에 대해서는 스웨덴과 덴마크 사이에 다소 차이가 있다. 덴마크에서는 초기 설립 단계부터 미래의 주민 그룹이 주체가 되어 초기 모임을 가지고 지방정부의 협조하에 코하우징을 구성하여 입주하는 '주민 주도형'이 일반적인 데 비하여, 스웨덴에서는 지방정부가 기존의 서류와 경험을 바탕으로 코하우징 설립을 주도하고 단지가 완전히 완성된 이후에 익명의 거주자들을 모집하여 입주하는 '지방정부 주도형'이 일반적이다.

그러나 스웨덴에도 물론 덴마크와 마찬가지로 '주민 주도형'이나 민영 회사 주도의 시니어 코하우징도 개발되어 있다(3-1~3-4 참조). 관련 연구에 의하면 주민 주도형 코하우징 주민들이 지방정부 주도형 코하우징에 비하여 생활만족도가 더 높은 것으로 나타났는데, 이는 설립 초기 단계에서부터 주민 참여를 통해 입주 전부터 이웃 간의 교류가 활발하고 친근해져 그만큼 공동체 의식도 강하기 때문일 것이다.

55+
– en gyllene ålder

SENIORGÅRDEN
ETT JM-FÖRETAG

JMs dotterbolag Seniorgården uppför funktionella och trygga bostäder för dig som är 55+. Dessutom erbjuds ett servicepaket som ett komplement till boendet.

Bostäderna i Sångsvanen är speciellt anpassade för dig som fyllt 55 år. Här tas extra hänsyn till de behov som den målgruppen har.

Funktion och trygghet
För att en lägenhet ska möta Seniorgårdens krav måste den vara funktionell och ha detaljer som påverkar vardagen positivt. Det innebär exempelvis en inbyggnadsugn som är placerad i bekväm höjd, att nivåskillnaderna är minimala i bostaden och att fönstren har lågt placerade handtag för att underlätta öppning.
Vi sätter tryggheten i första rummet och erbjuder till exempel automatiska dörröppnare samt bänkar innanför entrédörrarna.

Teckna servicepaketet
Du kan beställa hjälp till hemmet. Vi erbjuder tjänster som städning, tvätthjälp, fönsterputsning, inköp av varor samt matlagning.
Vi erbjuder också en trygghetstelefon med högtalarfunktion och direktlinje till sjuksköterska, hjälp med för-

varing och flytt av möbler samt medlemskap i bilpool.
Dessa tillvalspaket kan även tecknas av boende i Gräsanden.

Med utsikt mot hamntrappan njuter du av kaffe och gott sällskap i husets eget konditori.

MÖLNLYCKE – GRÄSANDEN/SÅNGSVANEN   5

Seniorgårdens servicepaket

Ett frivilligt tillval som ger dig som köper bostad bra tjänster till rabatterade priser, med möjlighet att välja ut det du själv önskar.

Bastjänster som erbjuds som ett komplement till de flesta av Seniorgårdens bostäder

- **Hemmet**
  städning, tvätthjälp, fönsterputs, inköp och matlagning

- **Trygghet**
  trygghetskontakt, trygghetslarm, stöd av sjuksköterska samt sociala kontakter genom gemensamma aktiviteter

- **Förvaring och flytt**
  lagring av bohag, flyttutrustning och flytthjälp

- **Bilpool**
  tillgång till bil

Tjänster som erbjuds som ett komplement efter lokala förutsättningar

- Leverans av måltid till hemmet eller den gemensamma lokalen

- Hemleverans av matvaror och/eller apoteksvaror

Samtliga tjänster köps och levereras direkt av de företag som Seniorgården har överenskommelse med.

SENIORGÅRDEN
ETT JM-FÖRETAG

3-1
스웨덴 민영 주택회사 JM의 55세 이상의 입주자를 위한
시니어 코하우징 분양 공고(시니어고든, 2002).

3-2
스웨덴의 민영
주택회사 JM이
분양하는 묀리케
(Molnlycke) 시니
어고든의 외관과
실내.

3-3	3-4

3-3
묀리케(Molnlycke) 시니어고든 평면도 1.

3-4
묀리케(Molnlycke) 시니어고든 평면도 2.
자료: 시니어고든 분양 팸플릿, 2002.

공영 임대 시니어 코하우징의 주택 할당 문제에 대해서는 아직도 논의할 문제들이 남아 있다. 현재 덴마크와 스웨덴의 공영 임대 코하우징은 일반 임대주택의 할당과 같은 조건이기 때문에 일부 주민들이 코하우징의 취지와 생활 특성을 모르고 입주하는 경우가 있다. 그러한 경우에는 입주 후에 실제로 코하우징의 공동 활동 운영이나 참여에 관심이 적어 문제가 되기도 한다. 그러므로 현재는 코하우징 공동체의 원활한 운영과 지속적인 유지를 위해서 주민대표들이 지방정부의 임대주택 할당을 담당하는 당국과 협의하여, 입주자를 선정할 때 코하우징의 취지를 미리 알리고 이러한 생활방식을 희망하는 입주자에게만 코하우징 주택을 할당하는 방법을 시도하고 있다.

시니어 코하우징의
공동 활동
Shared Activity in Senior Cohousing

1 공동 활동shared activity의
의의

고용인을 두지 않고 운영되는
자치관리 모델self-work model 코하우징은
주민의 공동 활동 참여를 기본 이념으로
구성되는 주거 공동체로, 공동 활동 참여
는 주민들을 공동체 안에서 강하게 묶어
주는 역할을 한다. 코하우징의 생활은 사
람들이 단순히 함께 살 뿐만 아니라, 일반
주택에 사는 이웃들보다 더 많이 중요한
일을 함께하고, 매일 일상적인 일들을 나
누어 하는 것을 의미한다. '무엇을 할 것

인가? 어떤 공동 시설을 사용할 것인가? 어떤 공동 활동에 참여할 것인가?'는 주민들 스스로 결정하고 선택하는 것이다. 이처럼 코하우징에서는 개인이 다른 사람들과 함께 공동 활동에 참여할 것인지를 스스로 결정할 수 있다.

3-5
시니어 코하우징의 주민들은 공동체 운영에 대해 의논하며 공동체 의식이 강화된다 (덴마크 미드고즈그룹펜 시니어 코하우징).

공동 활동을 통하여 공동체 관리에 참여하는 것은 보이지 않는 비용 투자이며 공동체 운영 비용을 경감시켜주는 효과도 있다. 한편, 이러한 경제적 효과 이외에도 주민들 스스로 자신들이 사는 공동체를 향상시키기 위하여 함께 노력하여 규약을 만들었기 때문에 각자의 공동체에 대한 책임감을 증가시키는 효과도 가져온다. 공동 활동 참여는 주민들에게 공동체 의식을 심어주고 공동체를 운영하는 데 동기부여와 능동성을 주는 요인이 되므로 그 중요성이 강조되고 있다.

연구에 의하면 공동 생활 참여는 스웨덴 사람들보다 덴마크 사람들에게서 더욱 활발한데, 그 이유는 아마도 덴마크와 스웨덴의 시니어 코하우징 설립 과정의 차이 또는 문화적 차이에서 오는 것일 수도 있다. 이러한 공동 활동은 국가 또는 개별적인 코하우징 단지에 따라 차이가 있을 수 있으나, 코하우징 주민들이 일반 주택에 사는 사람들보다 훨씬 더 많이 서로 도와가며 지낸다는 사실은 분명하다.

2 공동 활동의 종류

시니어 코하우징에서 이루어지는 전형적인 공동 활동의 종류에는 공동 저녁 식사, 차 모임, 사교 모임, 생일잔치, 일 년에 몇 번 가는 여행, 정원 가꾸기, 취미 활동 등과 같은 것들이 있다. 이 중, 주민들이 가장 즐겨 참석하는 공동 활동은 커피나 차 모임이며 주민들은 차 모임에 매일, 또는 적어도 일주일에 수차례 정도는 참석한다. 그러나 공동 식사는 일주일에 수차례 또는 1달에 한 번 정도로 공동체마다 차이가 있지만 일반적으로 주말을 제외하고 거의 매일 공동 식사가 이루어지는 연령 통합형 코하우징에 비해서는 적은 편이다. 이것은 연령 통합형 코하우징에서는 직업과 가사, 육아를 동시에 담당해야 하는 젊은 층들이 매일 저녁 식사 준비에 부담을 크게 느껴서 공동 취사를 중요시하는 데 비하여, 노인들은 시간적 여유가 있으므로 상대적으로 그에 대한 부담을 적게 느낄 뿐만 아니라, 또 한편으로는 매일 공동 식사를 준비한다는 일 자체가 노인들에게는 오히려 부담이 될 수도 있기 때문일 것이다. 그리고 스칸디나비아에서는 동네 근처 노인홈에 주문하면 언제나 실비로 집에서 식사를 배달받을 수 있으므로 공동 식사가 단지에 사는 주민 간의 친목을 도모하는 범위 내에서 이루어지기 때문이기도 하다.

3-6

3-7

3-6
시니어 코하우징의 취미
모임은 주민 간의 사교적
연결망이다(덴마크 크레아
티브 시니어보 코하우징).
(사진: 곽인숙)

3-7
공동체의 주요 사안을 결
정하는 운영위원회(스웨덴
트레칸텐 코하우징).

네딜란드의 경우에는 덴마크와
스웨덴과 같이 대부분의 사람들이 의무적
으로 공동 활동에 참여하지는 않으며 그저
함께 커피를 마시거나 종종 모임을 가지는
정도다.

스웨덴과 덴마크의 시니어 코하
우징에 거주하는 주민들이 자주 참여하는
공동 활동은 운영위원회 참석이 가장 많고,
다음이 커피 모임과 공동 식사다. 이 활동
들은 커피 모임을 제외하고 보통 한 달에
1~2회 이루어지거나 3개월에 1~2회씩 이
루어지고 있다. 일반적으로 코하우징 단지
내에서는 주민들이 한 달에 한 번씩 주민회
의를 하고 대부분의 경우 개인의 흥미에 따
라서 식품 구입, 정원 관리, 실내 장식, 운영
위원회, 주택임대 상담, 규약 개정 등 다양
한 임무를 담당하는 그룹에 참여하고 있다.

3-8
주민들이 공동 활동으로 관
리하는 루시넷 시니어 코하
우징의 공동 마당.

4

시니어 코하우징의
환경 디자인

Design of Senior Cohousing Project

시니어 코하우징의 환경 디자인은 어느 나라, 어느 공동체를 막론하고 비슷하다. 그것은 코하우징 공동체의 기본 이념인 공동체 정신이 잘 반영될 수 있게 가능하면 많은 주민이 '함께 할 수 있도록(togetherness)' 의도적으로 사회적 접촉을 증가시키는 디자인을 중요시하기 때문이다. 따라서 기존의 주택 환경 디자인과는 상반되는 디자인 방법을 사용하는 경우도 있다.

코하우징의 디자인은 대부분 대지 중앙에 코먼하우스를 배치하고, 그 주변에 연립주택, 단독주택 또는 중~저층 아파트 유형의 개인 주택을 둘러싸는 방식으로 계획하는 것이 가장 일반적이다.

1

단지 배치와
규모

Site Plan and Size of the Projects

코하우징 디자인은 코하우징의 유형(연령 통합형 코하우징 또는 시니어 코하우징)이나 지역(스칸디나비아, 북미 또는 아시아)을 막론하고 모두 비슷하다. 이는 코하우징이 기본적인 이념에 맞추어 의도적으로 설립된 계획공동체intentional community이므로 그 이념을 충족시킬 수 있는 디자인을 하기 때문이다. 즉, 대부분의 코하우징 공동체는 부엌과 욕실이 딸린 몇 개의 작은 개인 주택, 여유 있는 규모의 코먼하우스common house 1~2개와 기타 공유 공간으로 구성된다.

일반적으로 코먼하우스가 차지하는 면적은 공동체 연건평의 15~20% 정도를 차지한다. 코먼하우스에는 부엌, 식당, 세탁실, 취미실 등을 공동체 정신이 잘 반영될 수 있도록 디자인하며 가능하면 많은 주민들이 '함께 할 수 있도록togetherness' 의도적으로 사회적 접촉을 증가시키는 디자인을 중요시한다(4-1~4-2 참조). 그러기 위해서는 저층 연립주택이나 블록block 형태로 주택을 계획하는 것이 도움이 된다. 이렇게 계획하기 위해서는 새로운 건물을 지어야 하지만 때로는 기존 건물이나 이미 사용하고 있는 주거 단지를 개조하여 만들 수도 있다.

기존의 주거 단지를 개조하여 시니어 코하우징을 재배치하는 경우, 직면하기 쉬운 문제 중 하나는 이동성에 관한 것이다. 시니어 코하우징은 특수 주택이 아닌 일반 주택이지만 한편으로는 거주인 대부분이 노인이므로 노인 주택의 조건을 충족시켜야 한다. 기존의 오래된 주거 건물에는 엘리베이터가 없는 경우가 많아서 노인들의 출입을 위한 설비가 보완되어야 한다. 시니어 코하우징에서는 실내·외를 막론하고 휠체어 사용이 가능해야 하는데 스칸디나비아와 네덜란드에서는 이러한 조항이 의무적이다.

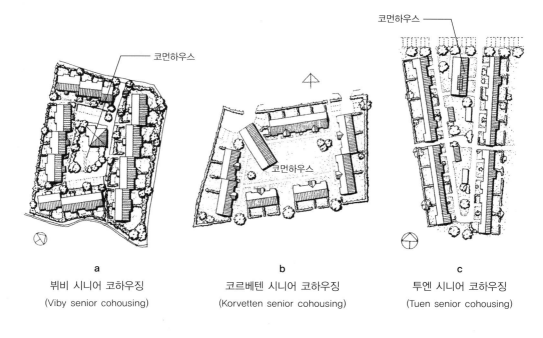

a
뷔비 시니어 코하우징
(Viby senior cohousing)

b
코르베텐 시니어 코하우징
(Korvetten senior cohousing)

c
투엔 시니어 코하우징
(Tuen senior cohousing)

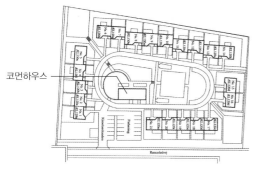

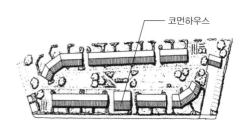

d
키르세베어룬덴 시니어 코하우징
(Kirsebærlunden senior cohousing)

e
아머쉐이 시니어 코하우징
(Ammershøj senior cohousing)

자료: **a)** DAB(2002), **b−e)** Pedersen(2000).

4-1 시니어 코하우징의 단지 구성 방법 예.

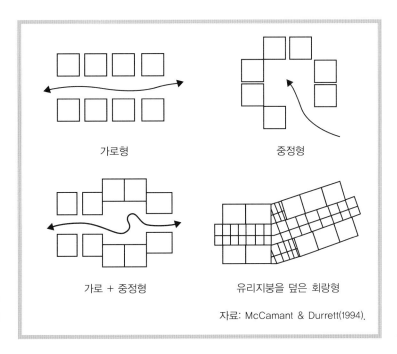

가로형

중정형

가로 + 중정형

유리지붕을 덮은 회랑형

자료: McCamant & Durrett(1994).

4-2
주민의 사회적 접촉을
촉진하는 코하우징의
다양한 단지 계획 예.

시니어 코하우징 단지의 규모를 결정할 때 고려해야 할 점
은 많다. 주민 수나 주택 수를 관리적인 입장에서만 맞추기는 어려운
데, 건물의 유지 관리비와 관련된 경제적 관점과 주민의 관점이 반드
시 일치하지는 않기 때문이다. 즉, 경제적 관점에서는 규모가 큰 것
이 유리하지만 주민 입장에서는 규모가 작을수록 친근감이 있어서
더욱 좋다. 지금까지의 경험에 의하면 코하우징 단지의 전체 주민 수

는 80명이 함께 사는 것은 너무 많고 6명은 공동 활동을 수행하기에 너무 적다는 의견이 많다. 따라서 주거 단지 규모에 대해서는 다양한 의견이 있을 수 있으나 공동체의 아이덴티티 identity를 위해서는 20~30개의 주택에 40~50명 정도의 주민이 적정하다고 할 수 있다. 관련 연구에 의하면 덴마크 시니어 코하우징 단지의

4-3
마당 한 가운데 만남의 공간을 두어 이웃 간의 사회적 접촉을 증가시키는 단지 구성(스웨덴 루시넷 시니어 코하우징).

경우, 주민 수는 12~46명, 주택 수는 5~44개로 대부분 소규모다. 개인 주택 수는 덴마크는 평균 17개 정도, 스웨덴은 평균 41개 정도라서 스웨덴이 덴마크보다 약 두 배 이상 규모가 크다. 그리고 각 주택당 1~2명의 주민이 거주한다고 가정한다면, 덴마크에 비하여 비교적 대규모라고 할 수 있는 스웨덴의 경우도 단지별 최대 60명 이하의 주민으로 구성되는 소규모 단지라는 것을 알 수 있다.

2

개인 주택의
유형과 평면
Dwelling Types and Plans

시니어 코하우징의 개인 주택 유형은 단독주택, 연립주택, 저층 아파트 등으로 다양한데, 덴마크는 단독주택 또는 1~2층의 연립주택 유형이 많고, 스웨덴은 4~5층 정도의 저층 아파트 유형이 많다. 연립주택 유형에 비하여 단독주택 유형은 비교적 적은데 그 이유는 연립주택 유형이 단층 단독주택 유형보다 대지의 효율성을 높일 수 있을 뿐만 아니라, 고밀도의 고층 아파트 유형보다는 코하우징 단지 내에서 주민들 간에 서로 모르고 지낼 가능성이 적기 때문이다. 그러나 대지의 효율성을 좀 더 높이고자 하는 지역에

a

아머쉐이 시니어 코하우징
(Ammershøj senior cohousing)

b

라이데방 시니어 코하우징
(Lejdevang senior cohousing)

b

라이데방 시니어 코하우징
(Lejdevang senior cohousing)

c

키르세베어룬덴 시니어 코하우징
(Kirsebærlunden senior cohousing)

d

팰레스비 1992 시니어 코하우징
(Fællesbyg af 1992 senior cohousing)

e

뷔비 시니어 코하우징
(Viby senior cohousing)

자료: **a) b) e)** Pedersen(2000), **c)** DAB(2002), **d)** Hansen et als(2000).

4-4 최소 규모로 계획된 시니어 코하우징 개인 주택 평면의 예.

단층 연립주택으로 구성된 덴마크 오덴세의
크레아티브 시니어보 코하우징

앞뒤에 개인 정원이 있는 단독주택으로 구성된
스웨덴 쿨라빅의 솔로겐 시니어 코하우징

단층 연립주택으로 계획된 덴마크 겔스테드의
프레덴스보 시니어 코하우징

5층 아파트로 계획된 스웨덴 스톡홀름의
그림스타 시니어 코하우징

단독주택으로 구성된 스웨덴 스톡홀름의
글로스토프 시니어 코하우징

4~5층의 아파트로 구성된 덴마크 프레데릭스베어의
마리엔댈스바이 14~16 시니어 코하우징

10층 아파트로 구성된 스웨덴 묀달의 코르넷 코하우징

4-5 시니어 코하우징의 다양한 개인 주택 유형.

서는 5층 이상의 중~고층 아파트로 개인 주택을 계획할 수도 있는데
이러한 경우는 덴마크보다 스웨덴에서 더 일반적이다(4-4~4-5 참조).

　　　개인 주택의 평면 구성은 2R+K(거실+침실+부엌)와 3R+K(거
실+침실 2+부엌)가 일반적인데, 그중 2R+K가 가장 많다. 최대 방 4개
까지고 그 이상의 큰 평면은 없다. 가구당 주택 면적은 최저 30㎡부
터 최대 114㎡로 범위가 넓은데 이는 소유 형태에 따라 영향을 받는
다. 공영 임대주택의 경우에 주택보조금을 받기 위해서는 독신가구
용 임대주택은 65㎡를 초과하지 못한다는 규정에 제한을 받지만 개
인 소유인 경우에는 제한이 없으므로 일반적으로 공영 임대보다는
개인 소유 코하우징의 면적이 더 넓다.

　　　이러한 현상은 코하우징에서 개인 주택 공간은 프라이버
시를 보장하는 최소 규모로 하고 나머지는 코먼하우스의 공간으로
할애하려는 디자인 의도 때문이다.

a

b

a
코하우징의 개인 주택은
최소한의 필수적인 공간
으로만 구성된다(덴마크
크레아티브 시니어보).

b
간단하고 최소화된 개인
주택 내부(덴마크 프레덴
스보 시니어 코하우징).

4-6
시니어 코하우징의 소규
모 개인 주택 실내.

3

코먼하우스의
유형과 평면
Common House Types and Plans

코하우징에서 코먼하우스 배치
는 주민의 공동 활동 참여도를 최대화하
기 위해 단지 중심이나 단지 입구에 계획
하는 것이 일반적이다. 즉, 코먼하우스를
단지 중심에 두고 단독주택이나 연립주택
유형의 개인 주택이 그 주변을 둘러싸도
록 배치함으로써 모든 주택으로부터 공평
한 접근성을 가지게 하는 경우가 가장 일
반적이다.

코하우징이 5층 정도의 중~저
층 아파트인 경우에는 1층 입구의 한 아파
트를 코먼하우스로 계획하면 누구나 자기
집에 드나들면서 쉽게 들러볼 수 있어서

흥미로운 활동이 이루어지면 특별한 계획 없이도 부담 없이 참여할 수 있다. 그러나 5층 이상의 고층 아파트는 코먼하우스를 1층 입구에 두는 것보다는 오히려 중간층에 계획하여 저층이나 고층에 사는 주민 모두에게 공평한 접근성을 주는 것이 좋다. 후자의 방법은 특히 고층 아파트가 많은 우리나라의 경우에도 유용하게 적용될 수 있을 것이다.

코먼하우스의 규모는 공동체마다 차이가 큰데, 이것은 공동체 내 주민들의 공동 활동 종류와 참여도와 관계가 있다. 즉 공동 활동 종류가 많을수록 코먼하우스 이용 빈도가 높아지며 이는 곧 코먼하우스의 크기와 직접적인 관련을 보인다.

코먼하우스 크기는 단지를 계획할 때부터 주민, 지방정부, 건축가들과의 논의에 따라 결정된다. 코하우징은 공동 생활을 적극적으로 권장하고 주민 상호 간의 보다 많은 협조를 기본으로 이루어진 공동체이기는 하지만, 실제로 일상생활을 통하여 주민 상호 간에 비슷한 기대 수준과 비슷한 공동 생활 참여가 없을 때는 원활한 공동체 생활이 이루어지기 어렵다. 그러므로 공동 활동의 종류와 빈도, 코먼하우스 등은 주민들의 기대 수준에 부합되게 공동체마다 적절히 융통성을 가지는 것이 중요하다.

a

아머쉐이 시니어 코하우징

(Ammershøj senior cohousing)

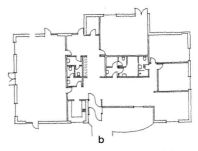

b

그뢴보 파켄 시니어 코하우징

(Grøn Bo Parken senior cohousing)

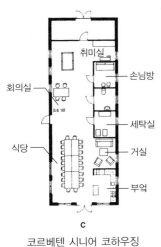

c

코르베텐 시니어 코하우징

(Korvetten senior cohousing)

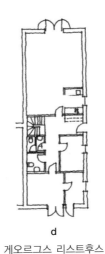

d

게오르그스 리스트후스
시니어 코하우징

(Georgs Lysthus senior cohousing)

e

히네룹 시니어 코하우징

(Hinnerup senior cohousing)

f

알타 시니어 코하우징

(Alta senior cohousing)

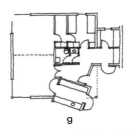

g

팰레스비 1992 시니어 코하우징

(Fællesbyg af 1992 senior cohousing)

자료: **a) b) c)** Pedersen(2000), **d) e) f) g)** Foreningen Bofællesskaber for Ældre(1997).

4-7 시니어 코하우징의 코먼하우스 평면 예.

시니어 코하우징이 입주민 대다수가 평생 그곳에서 살기를 희망하는 주거라는 관점에서 본다면, 계획 초기부터 주민들이 고령화될 때까지를 염두에 두고 계획할 필요가 있다. 그러므로 주민 속성이 변화해 감에 따라서 코먼하우스의 용도나 물리적 디자인 변경에 큰 어려움이 없도록 초기 단계에서부터 융통성 있는 디자인이 필요하다. 특히 접근성을 최대화하는 유니버설 디자인universal design 설계는 초기 단계부터 이루어져야 한다.

시니어 코하우징의 코먼하우스에 설치되는 공동 시설은 거실, 식당, 회의실, 세탁실, 손님방, 부엌, 취미실, 운동실, 욕실과 사우나실, 옥외 공간, 발코니, 테라스 등이다. 공동 세탁실과 손님방은 제한된 개인 주택의 공간을 절약하는 데 매우 효과적이고, 공동 거실 겸 회의실은 주민 간의 상호 공동 활동을 도모하는 데 매우 적합한 공간이다. 특히, 손님방의 경우에는 분가해서 사는 자녀들이나 손자녀 또는 친지가 방문하면 실비를 지불하고 자고 갈 수 있는 공간을 제공하므로, 노부부만의 최소 공간으로 계획해야 하는 시니어 코하우징에서는 아주 요긴한 공간이다(4-7~4-8 참조).

a

b

a
단지의 중앙에 위치한 코먼하우스
에는 온실이 딸려 있다(스웨덴의 솔
로겐 시니어 코하우징).

b
세탁기와 건조기, 다리미대까지 갖
춘 공동 세탁실(덴마크 크레아티브
시니어보).

c

공동 취사가 자주 이루어지는 공동
부엌(덴마크 미드고즈그룹펜 시니어
코하우징).

d

코먼하우스 내 공동 거실 겸 회의
실(스웨덴 루시넷 시니어 코하우징).

4-8

시니어 코하우징의 코먼하우스 사례

c

d

5

스칸디나비아 시니어 코하우징의 케이스 스터디

Case Study of Senior Cohousing Projects in Scandinavia

전 세계적으로 코하우징이 처음으로 개발된 곳은 스칸디나비아다. 1970년대에 덴마크에서 개발된 현대적 코하우징(modern cohousing)에서는 주민들의 자발적인 공동 활동 참여를 통하여 이웃과 인적 교류를 하는 정서적 지원과 생활비를 절약하는 실질적 지원을 받을 수 있다. 이러한 모델을 자치관리 모델 코하우징(self-work model cohousing)이라 부른다. 시니어 코하우징은 이러한 자치관리 모델을 기반으로 하나, 주민의 연령이 인생의 후반부에 속하면서 자녀와 동거하지 않는 사람만을 대상으로 한다는 점이 특징이다.

본 장에서는 덴마크와 스웨덴에서 개발, 운영되고 있는 시니어 코하우징의 사례를 심층적으로 알아봄으로써 구체적인 정보를 제공한다.

1

덴마크
시니어 코하우징의
케이스 스터디

Danish Cases of Senior Cohousing Project

덴마크에는 전국적으로 다
수의 시니어 코하우징이 개발, 운영
되고 있으며 주로 미래의 주민들이
주체가 되어 지방정부와 협조하여 설
립하는 것이 일반적이다.

5-1
덴마크에는 전국적으로 다수의 시니
어 코하우징이 분포되어 있다.
자료: Foreningen Bofællesskaber
for Ældre(1997)

Skagen

Hirtshals

Hjørring

Frederikshavn

Sæby

Brønderslev

Aalborg

Hellevangen

Thisted Logstor Nibe Hasseris

Fællesbo

Nykøbing M

Hadsund

Hobro

Skive

Støvringgård Kloster

Struer

Viborg

Randers

Holstebro

Grenaa

Herning Silkeborg

Mølleparken

Ikast Arhus Alta

Skanderborg

Seniorbo Hou 2

Toftebo

Helsingør

Frederiksværk Hillerød

Vejle Horsens Nykøbing S Bakken Georgs Lysthus

Frederikssund Fællesbyg 92

Kongskæ Asbo Sækædyb Gimle

GrønBo Parken Anmershøj Gyngemosegård

Fredericia Holbæk Midgårdsgruppen
Mariendalsvej

Bogense Kalundborg København

Vejen Kolding Middelfart Korvetten Kerteminde Invipama Rynkebakken Søjlegården

Odense Strandvejen Slagelse Ringsted Køge

Fredensborg Hammerparken Sorø Møllebo

Ribe Haderslev Kreative Seniorno Optimisternes Fællesbo Mølleberg Bondesbakken

Assens Korsør Haslev

Nyborg

Fjordgården Faaborg Skælskør Næstved

Aabenraa Sofielund
Svendborg Engene

Tønder Sønderborg Strandgården Ellehaven Vordingborg

Rønne

Stege Aasen 49

Rudkøbing Nexø

Garthenhaven Stubbekøbing

Nakskov Saksøbing

Maribo Nykøbing F

◯ : 도시 이름
● : 코하우징

0 10 20 30 40 50 60 70 80 90 100 110 12km

① 미드고즈그룹펜
시니어 코하우징Midgårdsgruppen Senior Cohousing

위치: 덴마크 코펜하겐

주소: Midgårdsgruppen Bofællesskaber

Mjølnerparken 48 & 50, Nørrebro

2200 København N,

Denmark

입주 연도: 1987

건물 유형: 5층 벽돌조 아파트

주택 수: 18

주민 수: 20

연락처: Bente Østrup Madsen

tel) +45 35 81 10 15

미드고즈그룹펜 시니어 코하우징Midgårdsgruppen Senior Cohousing은 덴마크 최초의 시니어 코하우징으로, 1982년에 처음 모임을 시작하여 1984년부터 87년까지 건설 작업을 마치고 1987년 6월에 입주하였다. 전체 주민 20명의 연령은 65~90세고, 이 중 6명은 10년 이상 거주하고 있다.

이 코하우징은 코펜하겐 북쪽 뇌어브로역Nørrebro station에서 약 400m 떨어진 뫼른너파켄Mjølnerparken에 위치한 공영 임대주택 단지 내에 위치한다. 이곳에는 코펜하겐의 공영 주택회사인 라이에

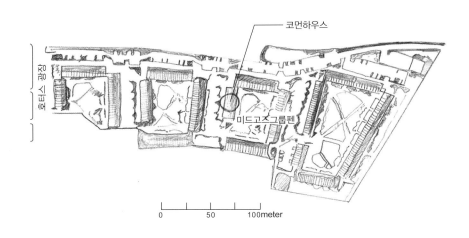

코먼하우스

홀티스 광장

미드고즈그룹펜

0   50   100meter

5-2

5-3 5-4

5-2

코펜하겐의 뫼른너파켄
에 위치한 미드고즈그룹
펜 시니어 코하우징 단지
배치도.

5-3

2R+K로 구성된 미드고
즈그룹펜 개인 아파트 평
면도.

5-4

1층의 2개의 아파트를 터
서 만든 미드고즈그룹펜
코먼하우스 평면도.

발코니

거실

부엌

욕실

침실

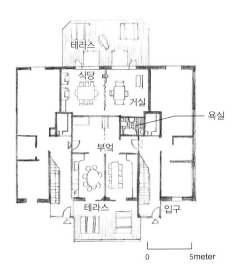

테라스

식당

거실

욕실

부엌

테라스

입구

0   5meter

보Lejerbo에서 지은 560채의 아파트가 있다. 이 아파트들은 일반 가족용과 학생용으로, 대부분 80~85㎡ 규모의 5층짜리 붉은 벽돌 건물로 되어 있으며 모든 건물에는 엘리베이터가 설치되어 있다. 이 중에 48번지와 50번지 5층 아파트의 4개 열에 미즈고즈그룹펜이 위치하고 있다.

미드고즈그룹펜은 건축회사 뱅 터만슨The Bang Termansen이 기존에 있던 5층 아파트 단지 중 4개 열을 시니어 코하우징으로 개조한 것이다. 같은 엘리베이터를 사용하는 2개 열의 10개 아파트를 한 단위로 하여, 1층의 2개 아파트를 터서 코먼하우스로 개조하였고, 2층부터 5층까지는 개인 아파트다. 그러므로 총 4개 열에 2개의 코먼하우스와 16개의 개인 아파트가 있다. 주민들은 자기 아파트에 드나들기 위해서는 자연스럽게 1층의 코먼하우스를 거쳐서 들어가게 되므로 서로 자주, 그리고 쉽게 만날 수 있다. 널찍한 코먼하우스에는 공동 거실, 식당, 회의실, 부엌, 창고 등이 마련되어 있으며 뒤쪽으로 나가면 텃밭도 있다. 주민들은 이러한 코하우징에서 안전한 생활을 할 수 있다는 점에 대하여 매우 만족스러워하고 자부심도 크다.

5-5

5-6

5-5
5층 벽돌조 아파트의 2개 열
을 개조하여 만든 미드고즈그
룹펜 시니어 코하우징.

5-6
미드고즈그룹펜 시니어 코하
우징은 1층의 아파트를 코먼
하우스로 개조하여 누구나 자
기 집을 드나들면서 지나칠
수 있게 계획하였다.

미드고즈그룹펜의 개인 아파트는 모두 2R+K로 구성된 소
규모 평면이고, 면적은 52~56㎡로 같은 단지 내의 다른 아파트에 비
하여 작은 편이다. 미드고즈그룹펜의 전체 주택 면적은 560㎡이고
이 중 코먼하우스가 115㎡(20.5%)를 차지하는데, 비교적 여유 있는
면적이다.

코먼하우스의 북쪽 입구는 중정에 면해 있고 남쪽은 공동
거실을 통하여 테라스와 정원에 면해 있다. 코먼하우스에는 TV 두
개, 부엌 두 개, 식당 겸 회의실 두 개, 세탁실, 화장실, 운동실, 창고
가 갖추어져 있다. 두 개의 부엌과 식당이 각각 벽으로 분리되어 있
어 동시에 다른 모임을 가지기에 편리하다. 공동 거실에서는 직접 테
라스와 정원으로 나갈 수 있어서 여름에는 잦은 모임을 가지기에 적
격이다. 이곳의 주민들은 활발한 공동 모임이 많고 참여도도 높다.
주민들은 함께 모여서 조리, 식사는 물론, 게임을 자주 하며 여름에
는 공동 정원을 가꾸고 아파트에서 멀지 않은 곳에 있는 텃밭에 나가
서 채소도 가꾼다.

미드고즈그룹펜에서는 1년에 4회(2월, 5월, 8월, 11월의 마지
막 토요일 오후 2시) 정기적인 오픈하우스 행사를 열어 코하우징에 관
심 있는 사람들의 방문을 환영하고 있다.

5-7

5-8

5-7
코먼하우스의 뒤쪽 발코니
는 정원과 연결되어 있어
여름날 햇볕을 쪼이는 옥
외 공간으로 환영받는다.

5-8
동시에 다른 모임이 가능한
코먼하우스의 공동 거실.

Det er godt at bo sammen

Bofællesskab for ældre
i
Mjølnerparken

Mjølnerparken 48 og 50
2200 København N

Kontaktpersoner:

Tove Duvå   35 82 03 74
Anna Truels Jensen 35 83 86 12

Bofællesskabet består af to opgange som rummer 18 individuelle lejligheder med altan.

I en del af stueetagen er der fællesrum med have.

Der er elevator og adgang til vaskeri. Huslejen er for tiden ca. 3.800,- kr mdl.

Indskuddet udgør pt. ca. 10.000,- kr. Både indskud og boligydelse kan søges i Københavns kommune. Fjernvarme, hybridnet og fællesrum er inkluderet i huslejen.

Fællesrummet giver mange muligheder for at mødes, både forpligtende, f. eks. det månedlige husmøde, og uforpligtende til film, kortspil, fællesspisning, fester og almindeligt sammenrend.

Betingelser for optagelse i Bofællesskabet er:

- at du er efterlønsmodtager, folke- eller førtidspensionist,

- at du er interesseret i fællesskabet

- at beboerne er enige om at vælge dig.

Da Københavns kommune yder økonomisk støtte til fællesrummene, skal du have boet i kommunen i de sidste par år.

Vi har venteliste og vi holder

åbent hus

kl. 14, den sidste lørdag i februar, maj, august og november.

Vi vil kende Jer, og I os

Du kan optages på ventelisten før du opfylder betingelserne.

5-9
미드고즈그룹펜 시니어 코하우징의
오픈하우스를 알리는 팸플릿.

5-10

5-11

5-10
2R+K의 소규모 공간으로 계획된 미
드고즈그룹펜 시니어 코하우징의 개
인 아파트 실내 1.

5-11
미드고즈그룹펜 시니어 코하우징의
개인 아파트 실내 2.

2 마리엔댈스바이 14~18번지
시니어 코하우징 Mariendalsvej 14~18 Senior Cohousing

위치: 덴마크 프레데릭스베어
주소: Mariendalsvej Bofællesskaber
  Mariendalsvej 14~18
  2000 Frederiksberg, Denmark
입주 연도: 1992
건물 유형: 3~6층 아파트
주택 수: 22
주민 수: 32
연락처: Olle Hersfeldt
  tel) +45 38 87 54 54
  e-mail) hersfeldt@private.dk

마리엔댈스바이Mariendalsvej 14~18번지 시니어 코하우징은 코펜하겐 근교, 비교적 집값이 비싼 후레데릭스베어Frederiksberg의 중심지에 위치해 있다. 이곳은 평화로운 주거 환경지로, 오불레바덴Aboulevarden과 활코너 알레Falkoner Allè 거리 옆에 위치하며 문화, 도시 환경, 주거 환경이 우수한 지역이다. 주변 환경은 대중교통 정류장, 생필품 상점, 약국, 우체국이 인근에 있고 시립도서관까지 2km, 숲까지 4~5km 떨어져 있다.

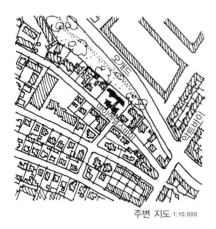

주변 지도 1:10,000

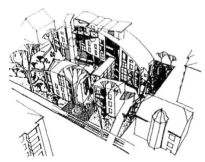

이 아파트는 연금펀드pen-sion fund에 의해 공동 활동에 참여하며 생활하기를 희망하는 50세 이상의 사람들을 위하여 설립되었다. 1988년 처음으로 그룹을 결성한 이래, 1991~1992년에 건설하여 1992년 중반에 입주하였다. 마리엔댈스바이 시니어 코하우징에는 현재 32명의 주민, 즉 10쌍의 부부와 12명의 독신 노인이 살고 있다.

5-12
마리엔댈스바이 시니어 코하우징 주변과 배치도.

5-13
마리엔댈스바이 14~18번지 시니어 코하우징 외관 투시도.

5-14
마리엔댈스바이 시니어 코하우징 주택 평면도.

(자료: **5-12~5-14**, Fich et als(1995))

이 건물은 코펜하겐의 건축설계회사 '박스 25Architects Box
25'에서 친환경 건축물로 디자인한 것으로서 그 독특한 형태와 기능
으로 유명하다. 3~6층의 콘크리트 골조에 붉은 타일을 앞면에 붙인
이 건물은 밖에서 보면 마치 붉은 벽돌건물처럼 보인다. 지붕은 반원
형 형태로 짙은 회색의 알루미늄판으로 되어 있어 빗물을 수집하기
에 쉽고, 수집된 빗물은 정원이나 화장실 용수로 재활용된다. 건물의
여러 곳에 설치되어 있는 넓은 유리창은 자연 채광을 최대한 취하여
내부 온도를 올려주기 때문에 겨울에 난방비 절약 효과가 있다.

마리엔댈스바이 14~18번지 코하우징은 각 아파트의 평면
을 모두 다르게 설계하여 세대마다 다양성과 아이덴티티를 제공한
점이 특징적이다. 전체 주거 면적은 1,500㎡, 코먼하우스의 면적은
440㎡(29.3%)다. 개인 주택은 56~82㎡ 규모로, 2R+K 평면이 13개,
3R+K 평면이 9개로 전체 22개의 주택이 있고 2개의 손님방이 구비되
어 있다. 1층에 위치한 코먼하우스에는 널찍한 회의실 겸 식당과 부
엌, 세탁실, 운동실, 화장실이 있다. 코먼하우스 입구의 현관홀에는
넓고 높은 유리창이 있고 엘리베이터도 역시 투명 유리로 되어 있다.
현관홀은 자연 채광에 의해 항상 밝고 경쾌한 실내 분위기를 만들어
줄 뿐만 아니라 실내온도가 따뜻하여 작은 실내 연못과 정원에 심어

5-15

5-16 5-17

5-15
마리엔댈스바이
도로에서 바라본
시니어 코하우징
외관.

5-16
마리엔댈스바이
코하우징의 측면.

5-17
마리엔댈스바이
코하우징의 비상
계단.

5-18

5-19

5-18
빗물을 쉽게 모을 수 있도
록 회색 알루미늄판을 곡
면으로 만든 지붕과 개인
주택 베란다.

5-19
마리엔댈스바이 16번지에
있는 코먼하우스 입구.

5-20

5-21

5-20
자연 채광이 좋아 실내
온실과 연못을 마련한
코먼하우스의 현관홀.

5-21
편리한 조리 설비가 갖
추어진 코먼하우스의
공동 부엌.

진 화초도 잘 자란다. 옥상 층에는 태양열 집열기에서 얻어진 열로 물을 덥혀 사용하는 호화로운 실내 수영장이 마련되어 있는데 주민들은 이 수영장을 아주 자랑스럽게 생각한다. 이곳에는 수영뿐만 아니라 가족이나 친구들을 초대하여 파티를 할 수 있게 간이 부엌도 마련되어 있다.

그러나 아쉬운 점은 설립 초기에는 시니어 코하우징으로 시작하여 공동 활동이 활발했으나, 현재는 오히려 탁월한 교통 조건과 주변 환경의 우수성 때문에 입주하는 사람들이 많고 초기 주민들이 차츰 감소하여 코하우징으로서의 특성을 거의 잃어가고 있다는 것이다. 요즘에는 코하우징보다는 환경친화적 건축물의 디자인에 관심이 많은 방문객들이 세계 각국에서 찾아오고 있다.

5-22
태양열로 물을 덥혀서 사용하도록 계획된 옥상 층의 실내수영장은
주민들의 파티 장소로도 인기가 있다.

3 크레아티브 시니어보Det Kreative Seniorbo

위치: 덴마크 오덴세
주소: Det Kreative Seniorbo Bofællesskaber
　　　　Rødegårdsvej 177~179
　　　　5230 Odense M, Denmark
입주 연도: 1992
건물 유형: 단층 연립주택
주택 수: 12
주민 수: 18
연락처: Inger Jøgensen
　　　　tel) +45 66 14 06 65
　　　　e-mail) max-inger@mail.dk

크레아티브 시니어보Det Kreative Seniorbo는 덴마크 최초의 시니어 코하우징인 미즈고드그룹펜에 이어서 두 번째로 설립된 시니어 코하우징으로 1992년에 주민들이 입주하였다. 이 코하우징은 오덴세 중심지에서 별로 멀지 않은 곳에 위치하여 빵 가게, 식품점, 학교, 우체국, 주택가, 버스 정류장 등이 매우 가까이에 있다.

크레아티브 시니어보를 설립하는 데에는 초창기 멤버 7명 중 한 사람인 잉어 예겐슨Inger Jøgensen의 노력이 컸다. 그녀는 사회 사업가인 린다 회마크Linda Høegmark, 오덴세 지방 정부, 주택회사, 건축설계 사무실 에릭 에릭슨스Architects Erik Eriksens와 많은 노력 끝

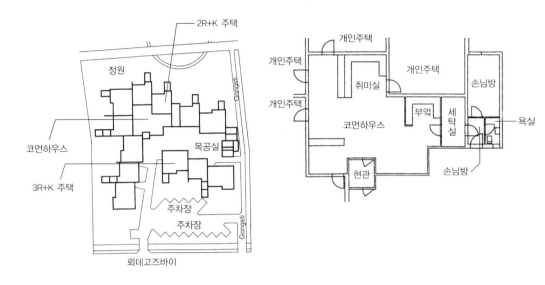

5-23

12채의 단층 연립주택과 코
먼하우스로 구성된 크레아
티브 시니어보 단지 배치도.

5-24

5채의 개인 주택이 공동
거실에서 직접 출입하게
디자인된 크레아티브 시니
어보 코먼하우스 평면도.

5-25

2R+K의 개인 주택 평면도.

5-26

3R+K의 개인 주택 평면도.

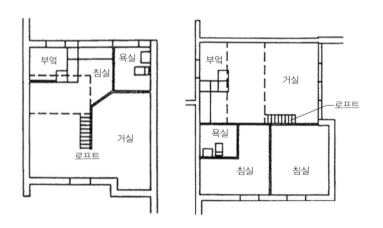

자료: 5-23~5-26, Ambrose(1993).

에 이 코하우징을 완성하였다. 그들의 경험은 곧이어 설립된 햄머스
파켄Hammersparken과 프레덴스보Fredensborg 시니어 코하우징에 유
용한 정보를 제공하였다.

크레아티브 시니어보는 12채의 단층 연립주택이 코먼하우
스를 둘러싼 형태로 배치되어 있다. 부지의 전체 면적은 3,000㎡, 건
물 면적은 980㎡다. 건물 면적 중 주택 면적이 850㎡를, 코먼하우스
가 131㎡(13.4%)를 차지하고 있다.

크레아티브 시니어보의 건축 디자인은 매우 아름다워 단
지 출입구에 들어서면 널찍한 코먼하우스의 독특한 모습에 매료된
다. 코먼하우스의 높은 천장 한가운데에는 피라미드Pyramid형의 큰
천창이 있어서 실내에 밝은 분위기를 주며, 하늘에 흘러가는 구름이
실내에서도 그대로 올려다 보인다. 이 코먼하우스 평면의 독특한 점
은 5채의 개인 주택이 코먼하우스를 통하여 직접 출입할 수 있게 되
어 있다는 것이다. 그러므로 개인 주택의 현관문을 열면 외부를 통하
지 않고 직접 공동 거실로 나올 수 있다. 이 코먼하우스에는 부엌, 식
당 겸 회의실, 취미실, 세탁실, 화장실, 손님방과 창고가 갖추어져 있
다. 나머지 7채의 주택은 중정을 둘러싸고 배치되어 있어 코먼하우
스를 통하지 않고 중정에서 직접 출입할 수 있게 되어 있다. 모든 개

5-27

5-28

5-27
크레아티브 시니어보 단지 전경. 입구에 들어
서면 단층 연립주택의 개인 주택과 피라미드
형 천창이 특징적인 코먼하우스가 보인다.

5-28
로프트가 있어서 좁아 보이지 않는 크레아티
브 시니어보의 개인 주택 실내.

인 주택은 거실과 연결된 개인 정원을 가지고 있으며, 정원에 개인 창고건물이 별도로 지어져 있다. 주택은 공영 임대이며 2~3R+K의 평면으로 넓이는 58~82㎡ 규모다. 개인 주택의 면적은 크지 않으나 천장이 높은 거실에 로프트loft가 마련되어 있어서 그다지 좁다는 느낌은 들지 않는다. 이 로프트는 공부방, 침실, 또는 손자녀들이 방문했을 때 놀이방 등으로 유용하게 사용할 수 있다.

　　코먼하우스는 개인 주택에서 접근하기 쉽게 디자인되었기 때문에 주민들이 부담 없이 자주 모인다. 이곳은 세탁실과 손님방을 제외하고는 대부분 벽이 없이 개방된 평면으로 디자인되어 있지만 세심하게 디자인하여 동시에 여러 가지 다른 활동을 서로 방해받지 않고 수행할 수 있다. 공동 부엌과 식당은 손님 초대를 고려했을 때, 20명이 동시에 식사할 수 있는 규모로 넉넉하다. 세탁실 옆에 있는 손님방은 중정에서 직접 출입할 수 있는 현관과 독립된 욕실이 딸려 있어서 마치 독립된 개인 주택과 같이 사생활이 보호된다. 이 방에는 침대 두 개를 배치하여 가족이나 친지가 찾아올 때 저렴한 가격으로 자고 갈 수 있다.

5-29
크레아티브 시니어보의 개인 주택에는
거실과 연결된 개인 정원이 있다.

5-30
정면에 개인 주택의
출입문이 보이고 피
라미드형 천창이 실
내 분위기를 밝게 해
주는 크레아티브 시
니어보 코먼하우스.

코먼하우스 내의 취미실
에는 재봉틀이 상비되어
있어 여성 주민들의 바
느질과 퀼팅 모임이 자
주 열린다.

크레아티브 시니어보의 주민은 전체 18명으로 6쌍
의 부부와 6명의 독신 노인이다. 주민들은 공동 취미 활동을
자주 하는데, 여자들은 흔히 공동 거실에 마련된 취미실에서
바느질이나 퀼팅을 하고, 남자들은 중정 한 편에 따로 마련
된 목공실에서 목공예를 하거나 기계를 수리한다.

크레아티브 시니어보 코하우징은 설립 이후로 덴
마크 국내는 물론, 세계 각국에서 수많은 방문객들이 성공적
인 시니어 코하우징의 사례를 보기 위하여 줄지어 방문하고
있다.

5-32

5-33

5-32
작업실, 식당, 회의실이 칸막
이벽 없이 연결되어 있는 개
방적 플랜의 코먼하우스 실내.

5-33
손님방에는 2개의 침대, 소
파, 욕실이 구비되어 있고 마
당에서 직접 출입할 수 있는
현관이 있어 독립성이 있다.

4 햄머스파켄 시니어
코하우징Hammersparken Senior Cohousing

위치: 덴마크 아게룹

주소: Hammersparken Bofællesskaber

Hammeren 101~141

5320 Agedrup, Denmark

입주 연도: 1992~1993

건물 유형: 단층 2호 연립주택

주택 수: 20

주민 수: 24

연락처: Hanne Carlsen

tel) +45 66 10 88 64

e-mail) hic@privat.dk

덴마크 오덴세 코뮨의 아게룹Agedrup에 있는 햄머스파켄 시니어 코하우징Hammersparken Senior Cohousing은 1992년에 크레아티브 시니어보에 이어 설립되었다. 최초의 그룹은 1989년에 결성되어 1992년 9월부터 1993년 2월까지 코하우징을 건설하고, 1992년 12월부터 1993년 2월 사이에 입주하였다. 이 지역은 주변이 녹지와 두 개의 작은 연못으로 둘러싸여 매우 조용한 곳으로 인근에는 가게, 은행, 아게룹과 발레룹Ballerup으로 가는 버스 정류장이 위치해 있다. 연못에는 야생 오리들이 서식하고 있어 평화로운 분위기를 더해준다.

햄머스파켄 시니어 코하우징의 주민은 24명으로 4쌍의 부부와 16명의 독신 노인(남자 7명, 여자 17명)으로 구성되어 있다. 주민들의 연령 분포는 55~83세다. 주민들은 거의 인근 지역인 발레룹, 아게룹, 아숨, 세단 등지에서 살다가 이주한 사람들로, 아직도 오덴세 지역의 노인 단체와 사회활동 단체에서 적극적으로 활동하고 있는 사람들이 많다.

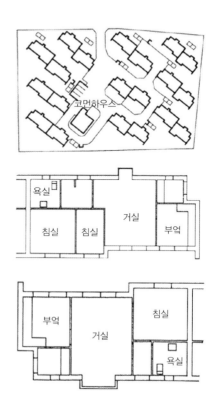

5-34

20채의 2호 연립주택의 중앙에 코먼하우스가 계획된 햄머스파켄 시니어 코하우징의 단지 배치도.

5-35

3R+K의 햄머스파켄 시니어 코하우징 개인 주택 평면도.

5-36

2R+K의 햄머스파켄 시니어 코하우징 개인 주택 평면도.

자료: **5-34~5-36**, Ambrose(1993).

5-37
햄머스파켄 시니어 코하우징 단지 안에 있는 두 개의 연못에는
야생 오리들이 살고 있어 평화로운 분위기를 더해준다.

이 코하우징 단지를 설립하기 위하여 현재 햄머스파켄의
주민대표로 일하고 있는 핸느 칼슨Hanne Carlsen은 핀Fyn 지방정부,
주택조합, 건축가뿐만 아니라 사회사업가 린다 회마크Linda Høeg-
mark, 오덴세 크레아티브 시니어보의 잉어 예겐슨Inger Jøgensen과 많
은 협동 작업을 하였다. 1989년 10월, 지방신문에 햄머스파켄에 대한
광고를 낸 이후, 처음 회의에 20명의 관심 있는 사람들이 모였고, 이
모임에 은행, 건축가, 건설회사의 담당자들이 초청되었다.

햄머스파켄은 오덴세의 예스퍼 라스무센 설계회사Archi-
tects Jesper Rasmussen에서 디자인하였다. 전체 단지 면적은 6,400㎡,
건물 면적은 1,520㎡다. 단층 2호 연립주택으로 지어진 개인 주택에
는 개인 정원과 창고건물이 딸려 있고, 모든 건물은 노인과 장애인에
게 맞는 유니버설 디자인으로 되어 있다. 주택의 평면은 주민이 필
요에 따라서 벽을 설치하거나 제거할 수 있도록 가변형flexible으로 설
계되었다. 전체 20채의 개인 주택 중 12채는 70㎡ 규모의 2R+K의 평
면이고, 나머지는 85㎡ 규모의 3R+K의 평면이다. 81㎡(5.3%)를 차지
하는 코먼하우스는 단지 중앙에 단독 건물로 배치하였고, 파티 때는
40명이 함께 식사할 수 있을 만큼 충분히 넓은 식당 겸 회의실과 부
엌, 세탁실, 화장실, 창고를 갖추고 있으며, 뒷마당으로 나가면 연못
이 바라다보이는 곳에 바비큐 오븐까지 갖추고 있다.

5-38

5-39

5-38
단지 중앙에 단독 건물로 설
치된 햄머스파켄 시니어 코하
우징 코먼하우스.

5-39
햄머스파켄 시니어 코하우징의
개인 주택은 단층 2호 연립주
택으로 앞뒤로 개인 정원과 독
립된 창고를 가지고 있다.

5-40
3R+K로 구성된 햄머스파켄 시니어
코하우징 개인 주택 내부.

햄머스파켄 시니어 코하우징
에는 빈집이 생겼을 때 입주하기를 희망
하는 대기자 중에서 코하우징의 이념에
맞는 예비 주민을 선택하기 위한 공식
위원회가 있다. 현재 대기자 명단에는
40명의 사람들이 등록되어 있다. 이곳에
도 크레아티브 시니어보와 마찬가지로
덴마크 국내뿐만 아니라 세계 각국에서
성공적인 시니어 코하우징의 사례를 배
우고자 많은 방문객이 찾아오고 있다.

5-41
햄머스파켄 시니어 코하우징의 실내는 일반
노인 주택과 같이 문턱이 없는 유니버설 디
자인으로 되어 있다.

5 프레덴스보 시니어 코하우징

Fredensborg Senior Cohousing

위치: 덴마크 겔스테드

주소: Fredensborg Bofællesskaber

　　　　Fredensgade 20~40

　　　　5591 Gelsted, Denmark

입주 연도: 1995

건물 유형: 단층 연립주택

주택 수: 10

주민 수: 12

연락처: Edith Rasmussen

　　　　tel) +45 64 49 16 88

　　　　e-mail) edithr@mobilixnet.dk

　　12채의 단층 연립주택으로 구성되어 있는 프레덴스보 시니어 코하우징은 1995년에 핀 섬Fyn island의 북쪽 아이비Ejby 커뮨에 있는 겔스테드Gelsted에 설립되었다. 이 지역은 핀 섬에서도 중심지에서 좀 떨어진 곳으로 매우 조용한 농촌 지역이다. 주민은 부부 2쌍과 독신 노인 8명으로 모두 12명(여성 10명, 남성 2명)이다.

　　처음 1992년 3월에 지방신문에 낸 광고를 보고 5명의 관심 있는 사람들이 모였고, 이들이 프레덴스보 시니어 코하우징의 초창기 멤버가 되었다. 이들은 브렌데룹 포크하이스쿨Brenderup folk high

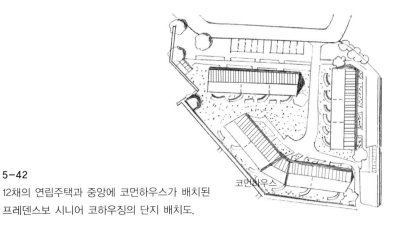

코먼하우스

5-42
12채의 연립주택과 중앙에 코먼하우스가 배치된
프레덴스보 시니어 코하우징의 단지 배치도.

school에서 제공한 노인 생활에 대한 코스를 이수하고 이미 지어진 시니어 코하우징의 견학도 하면서 기초 지식을 넓혔다. 이 코하우징 단지를 설립하는 데에는 초창기 멤버 중 한 사람인 에디트 라스무센 Edith Rasmmusen이 덴마크 노인회Ældresagen, 주택조합과 많은 협동을 하였다. 그 후에 오.덴세의 크레아티브 시니어보의 막스와 잉어 예겐슨이 코하우징 설립에 대한 실질적인 정보를 제공해 주었다.

　　프레덴스보 시니어 코하우징은 1993년 11월부터 1994년 9월까지 거의 1년에 걸친 설계 과정을 거쳐 1994년 11월부터 1995년 4월까지 반 년간 건설하였고, 1995년 1월부터 3월에 걸쳐 입주하

5-43

5-44

5-43
단층 연립주택으로 계획된 프
레덴스보 시니어 코하우징의
개인 주택.

5-44
프레덴스보 시니어 코하우징
과 인접한 요양원(회색 건물)에
서는 코하우징 주민들이 자원
봉사에 참여한다.

였다. 이 단지의 설계는 코펜하겐의 람브레트와 베른베어 건축회
사Lambreth & Wernberg Architects에서 담당하였다. 전체 부지 면적은
3,900㎡이고 건물 면적이 847㎡인데 그중에서 주택 면적이 754㎡를
차지하고 있다. 단층 연립주택인 개인 주택은 모두 3R+K의 평면에
67~88㎡의 규모로 다른 코하우징에 비하면 비교적 넓은 면적이다.
모든 주택의 앞쪽에는 개인 정원이 딸려 있다. 60㎡(8%) 면적의 코먼
하우스는 단지 중앙에 배치되어 주민들이 쉽게 모일 수 있으며, 단지
입구를 향하고 있어서 드나드는 사람들의 모습을 집안에서도 바라볼
수 있다. 코먼하우스에는 부엌, 식당, 세탁실, 화장실이 갖추어져 있
어 커피 모임, 식사, 취미 활동 등으로 주민들이 자주 모여 항상 붐빈
다. 코먼하우스의 유지 관리는 매달 적은 비용을 걷어 공동으로 사용
한다.

처음에 마을 사람들은 '과연 이러한 코하우징에 사는 것이
좋을까?' 하는 의구심을 가졌었으나, 코하우징의 설립 이후 주민들
이 성공적으로 사는 모습을 보고 그 의구심은 곧 사라졌다. 현재 프
레덴스보 시니어 코하우징에 사는 주민들은 자신들의 생활에 대단히
만족스러워한다.

5-45

5-46

5-45
3R+K의 여유 있는
규모의 프레덴스보
시니어 코하우징의
개인 주택 내부 1.

5-46
프레덴스보 시니어
코하우징의 개인
주택 내부 2.

5-47
프레덴스보 시니어
코하우징의 개인 주
택 내부 3.

5-48
프레덴스보 시니어
코하우징의 개인 주
택 내부 4.

이곳의 주민들은
다른 시니어 코하우징에 비
하여 평균 연령이 높은 편이
나 80대의 노인들도 매우 건
강하여 활발한 공동 생활을
하며 자립적으로 산다. 80대
노인 중 몇 명은 아직도 이웃
에 접해 있는 요양원에 가서
일주일에 한 번씩 식당 자원
봉사도 하고 있다. 입주 이후
아직까지 주민들은 모두 사
이좋게 지내고 큰 불화가 없
었다. 이주해 나간 사람이 없
어서 대기자 명단에는 많은
사람이 기다리고 있다.

5-49

5-50

5-49
프레덴스보 시니어 코하우
징의 개인 주택 내부 5.

5-50
프레덴스보 시니어 코하우징 코먼하우스에
서는 부정기적인 커피 모임이 자주 열린다.

2

스웨덴
시니어 코하우징의
케이스 스터디

Swedish Cases of
Senior Cohousing Project

스웨덴의 시니어 코하우징 구성
방법은 지방정부 주도하에 미리 주택을
짓고 차후에 코하우징 생활에 관심이 있
는 입주자를 모집하는 경우, 덴마크와 마
찬가지로 미래의 주민들이 설립 초기 단
계부터 주도적으로 공동체 구성에 참여하
는 경우, 그리고 민영 주택회사가 주민들
과 협동하여 코하우징을 구성하는 경우
등으로 다양하다.

5–51
스웨덴의 코하우징 분포도.
(자료: http://kollektivhus.nu)

1 패르드크내팬
시니어 코하우징Färdknäppen Senior Cohousing

위치: 스웨덴 스톡홀름

주소: Kollektivhusföreningen Färdknäppen

Fatbursgatan 29 A

S-118 54 Stockholm, Sweden

홈페이지: http://www.fardknappen.se

입주 연도: 1990

건물 유형: 7층 아파트

주택 수: 43

주민 수: 50

연락처: Monica Williams-Olsson

tel) +46 8 668 95 85

e-mail) monica.wo@spray.se

또는

AB Familjebostäder

Box 49103

S-100 28 Stockholm

tel) +46 8 737 20 00

fax) +46 8 737 21 38

e-mail) familjebostader@familjebostader.com

패르드크내팬 시니어 코하우징은 스톡홀름 쇠더말름Söder-malm 섬에 위치한 지방정부의 공영 임대아파트다. 패르드크내팬 시니어 코하우징을 처음 만들기 시작한 것은 몇 명의 중년들이었다. 그들의 관심사는 자신들이 미래에 나이가 들면 어떻게 살 것인가에 대한 것으로 그들의 질문은 다음의 두 가지였다.

- 중·노년기의 사람들이 어떻게 편한 환경에서 가까이 살면서 서로 돕고, 사회적 접촉을 더 많이 가지며, 정부의 도움을 적게 받으면서 자립적으로 살 수 있을까?
- 성장한 자녀들이 독립해 나가고 '빈 둥우리empty nest'가 되었을 때, 넓은 아파트를 아이가 있는 젊은 가족들에게 물려주고 이주해올 수 있는 주택을 어떻게 디자인할 수 있을까?

이에 대한 해답이 바로 오늘날의 패르드크내팬 시니어 코하우징이다.

패르드크내팬 시니어 코하우징을 완성하는 데에는 오랜 시간이 걸렸다. 그들은 1987년에 처음으로 조합을 결성하고 2년간 공동체의 이념에 대하여 논의하였다. 그 후 건설이 가능한 대지를 찾아보았고 정치가들, 의사결정자들과 많은 상담을 거친 후 1989년에 스톡홀름 지방정부 소유의 주택회사인 파밀리에부스태더Familjebostäder가 쇠드라 스테이션Södra Station에 있는 대지에 패르드크내팬 시니어 코하우징을 지어주기로 결정하였다. 미래의 주민들은 건축가, 시공자들과 주택의 평면, 실내디자인과 설비에 대하여 집중적

으로 대화했고, 파밀리에부스태더와 협동하여 공동체의 비전에 맞는
건물을 완성했다. 이러한 과정을 거쳐 완성된 현재의 패르드크내팬
시니어 코하우징은 그들의 일상생활에 잘 맞는 공동체가 되었다.

후에 파밀리에부스태더 주택회사는 다른 사람들도 이러한
주택에 살기를 희망하는 것을 보고 스톡홀름 지역에 패르드크내팬을
모델로 세 개의 코하우징을 더 짓게 되었다.

**Är du över 45 år
och intresserad av
att bo i ett kollektivhus
på Söder?**

5-52
파밀리에부스태더의 패르드크내
팬 시니어 코하우징 광고.
자료: SABO(1992)

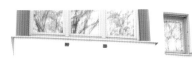

7층으로 되어 있는 패르드크내팬 코
하우징에는 개인 아파트 43개가 있고 1~3R+K
의 세 가지 평면이 있다. 개별 아파트의 면적은
37~75㎡, 코먼하우스의 면적은 400㎡다. 개인
아파트는 좁지만 코먼하우스가 넓어서 손님 접
대와 파티를 하기에 전혀 불편함이 없다.

대부분의 공동 생활공간은 1층에 위
치하고 각 공간은 필요에 따라서 용도를 변경하
기 쉽도록 가변형으로 설계되었다. 코먼하우스
에는 TV가 있는 독서실, 독립된 컴퓨터실, 직조

5-53

5-54

5-53

도로에서 바라본 7층 아파
트인 패르드크내팬 시니어
코하우징의 외관.

5-54

패르드크내팬 시니어 코하
우징 입구.

134
/
135

실, 세탁실, 공동 식당과 부엌, 목공실, 식당에서 곧장 나갈 수
있는 정원이 있다. 최상층에는 벽난로가 있는 다목적실이 있고
이곳에서도 직접 옥상 정원으로 나갈 수 있다.

1층에는 재활용 구역이 있어서 금속, 유리, 종이, 가
구, 전자제품, 전구, 형광등, 플라스틱, 목재 등을 분리수거한
다. 또한 자신에게 필요 없는 물건을 내놓으면 필요한 사람이
가져갈 수 있도록 진열하는 선반도 구비되어 있다. 빈 병을 모
아서 판매한 돈은 자선단체에 기부한다. 지하실에는 개인 가
구별 창고, 공동 식품창고, 오락실, 운동실과 사우나실이 있다.
누구나 사용할 수 있는 공동 사무실에는 컴퓨터, 스캐너, 복사

5-55

5-56   5-57

5-55
패르드크내팬 시니어 코하우
징의 개인 아파트 실내 1.

5-56
패르드크내팬 시니어 코하우
징의 개인 아파트 실내 2.

5-57
패르드크내팬 시니어 코하우
징 개인 아파트의 욕실.

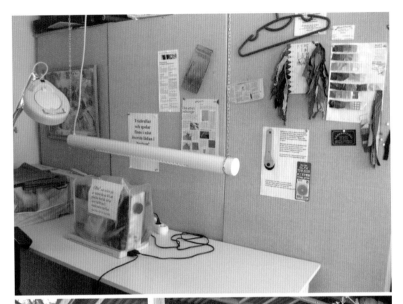

5-58

5-59

5-58
공동 거실에 준비
된 재봉틀은 주민
이면 누구나 사용
가능하다.

5-59
패르드크내팬 시
니어 코하우징의
공동 자전거 보관
소와 쓰레기 분리
수거 장소.

기, 그 외의 사무용품들이 구비되어 있다. 코먼하우스에는 3개의 작은 손님방이 있어서 외부에서 방문하는 손님들이 저렴하게 숙박할 수 있다. 이러한 다양한 시설은 주민들이 평균적인 아파트 임대료를 지불하고도 여분으로 약 400㎡의 공동 시설을 마음대로 사용할 수 있다는 장점을 준다.

패르드크내팬 시니어 코하우징의 입주 대상은 다른 가족이나 자녀와 함께 살지 않는 45세 이상의 사람이다. 부부의 경우, 한 명이 45세 이상이면 되므로 45세 이하인 주민도 있다. 그리고 시니어 코하우징의 기본 이념인 인생의 후반기를 성공적으로 살아가려는 아이디어를 수용하는 사람이어야 한다. 입주를 희망하는 사람은 우선 패르드크내팬 조합의 회원으로 가입해야 하는데 현재 패르드크내팬에 거주하는 50명과 외부에 거주하는 70명이 조합에 가입되어 있다.

패르드크내팬 시니어 코하우징의 주민들은 다양한 연령층으로 구성되는 것을 이상적으로 여겨 주민의 반은 사회활동을 하는 사람, 나머지 반은 은퇴자로 구성되기를 희망한다. 패르드크내팬 시니어 코하우징 주민들의 연령층은 43~97세며, 오랜 인생을 통하여 습득한 가치 있는 경험과 지식을 이웃과 함께 나누기를 좋아한다. 공동체는 풍부한 인적, 물적 자원을 가지고 있으므로 주민들은 함께 살면서 나날이 새로운 것을 배울 수 있다.

5-60

5-61

5-60
패르드크내팬 시니어
코하우징의 주민들은
45세 이상의 다양한 연
령층으로 구성된다.

5-61
음식물 찌꺼기를 퇴비로
만들어 주민 공동으로
관리하는 정원.

코하우징에 빈 아파트가 생길 경우에는 이미 패르드크내팬에 거주하는 사람에게 우선권이 주어지고, 그 후에 외부에 거주하는 회원에게 권리가 주어진다. 입주 담당 위원회에서 입주 신청자를 면담하고 적임자를 주택회사에 입주자로 추천하면 주택회사는 새로운 임차자에게 임대 허가를 해주는 방식으로 주택을 할당한다.

패르드크내팬의 생활은 이웃과의 잦은 접촉 이외에도 실질적이고 경제적인 이점도 준다. 공동 식사는 개인에게는 시간과 노력을 줄여줄 뿐만 아니라 가정마다 따로 식사 준비를 할 때보다 비용이 훨씬 적게 든다. 공동체 전체의 식비는 연간 약 250,000 스웨덴 크로나(약 32,500,000원)가 소요되고 이 비용은 쿠폰을 사서 식사하는 주민들이 지불한다. 쿠폰 비용으로 식재료를 도매로 구입하고 집까지 배달받는다. 부엌에서 나오는 음식물 찌꺼기는 퇴비로 만들어 정원의 비료로 사용한다.

패르드크내팬 시니어 코하우징의 주민은 누구나 6주에 한 번씩 조리와 청소 활동에 의무적으로 참여해야 하는데, 코먼하우스 청소, 정원 관리 등을 공동으로 수행한다. 주민들은 누구나 훌륭한 조리사가 될 수 있는데 이것은 남과 똑같이 잘해야 한다는 의미는 아니고 자기의 능력만큼만 참여하면 된다. 주 5일간 이루어지는 공동

5-62
모든 설비가 잘 갖추어진 공동 부엌에서
주민들의 공동 취사 작업이 이루어진다.

식사는 '코하우징의 꽃'이라 할 수 있는 핵심적인 활동이다. 그러나 공동 식사는 의무가 아니라 자발적인 것이므로 모든 주민이 매일 공동 식사를 하지 않아도 된다. 그 외에 공동체에서는 개인적 취미에 따라 강좌, 연극·영화·팝 음악 감상, 음악회·전시회 가기, 산책 등 다양한 공동 활동을 조직하기도 한다.

　　주민들은 자기가 사용하는 아파트의 임대료와 코먼하우
스 임대료를 아파트 면적 비율에 따라 산정하여 지불한다. 임대료에
는 건물 유지 비용, 세탁기, 식기 세척기, 난로, 냉장고와 냉동고 등
의 수선충당금이 포함된다. 주민들은 청소, 전구 교체, 재활용 장소
관리 등을 포함한 단순한 유지 관리와 정원 관리를 하고, 주택회사에
서는 이러한 활동에 대한 비용을 조합에 되돌려준다. 조합원들은 매
년 회비를 납부하고 스터디그룹, 커피와 케이크를 제공하는 오픈하
우스 등의 활동을 통하여 부수입을 창출하기도 한다. 2011~2012년
에 걸친 패르드크내팬 조합의 연간 예산은 약 140,000 스웨덴 크로나
(18,200,000원)였다.

　　패르드크내팬 시니어 코하우징의 주민들은 일상생활을
통하여 다음과 같은 지속 가능한 개발sustainable development을 수행
한다.

| 사회 정치적으로 |

- 주민들은 고령이 되어도 가족이나 지방정부의 보호에
  의존하지 않고 높은 수준의 자치성을 유지할 수 있다.
- 지역사회의 일원으로서 어딘가에 기여할 수 있다는 것
  은 건강과 웰빙Well-being을 지원하는 인간의 기본적인
  욕구다.

- 조합 회원으로서의 네트워크는 개인이 도달할 수 있는 그 이상의 가능성을 제공해준다.

| 환경적으로 |

- 주민들이 편의시설과 서비스를 나누어 씀으로써 에너지를 절약한다.
- 식사를 공동으로 준비함으로써 에너지를 절약하고, 종이, 플라스틱, 유리, 금속 등의 포장재를 줄인다.
- 음식물 찌꺼기를 잘 관리함으로써 음식 쓰레기를 줄인다.
- 공동으로 신문을 봄으로써 종이 낭비를 줄인다.

| 경제적으로 |

- 편의시설을 나누고 서로 서비스와 문화활동을 제공하면 제한된 비용으로도 살아갈 수 있다.
- 식재료를 조합에서 도매로 구입하면 저렴하다.
- 노년층들이 활동적이고 상호 지원하는 패르드크내팬과 같은 코하우징에 살면 오래도록 건강을 유지하여 노인 부양에 드는 사회 서비스 비용이 적게 든다.

● 패르드크내팬과 같은 코하우징에서는 고의로 주택을 파
괴하는 밴달리즘vandalizm과 같은 현상은 일어나지 않으
므로 주택회사는 최소한의 비용으로 잘 관리된 주택을
소유할 수 있다. 코하우징에서는 일반적인 임대주택 단
지에서보다 주택 관리가 더 잘되는 것으로 나타났다.

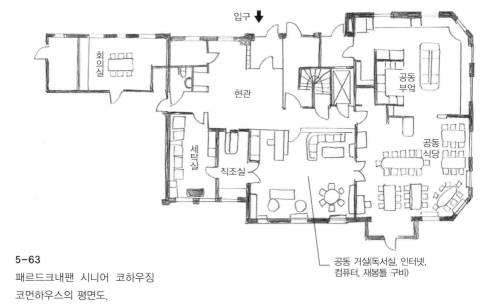

5-63
패르드크내팬 시니어 코하우징
코먼하우스의 평면도.
(자료: 패르드크내팬 홈페이지)

5-64

5-65

5-64
여러 사람이 동시에 조리
할 수 있도록 여유 있는
규모의 패르드크내팬 시니
어 코하우징 공동 부엌.

5-65
주민들이 손수 만든 공동
식사의 음식.

5-66
공동 구입으로 비용을 절약
하는 패르드크내팬 시니어
코하우징의 공동 식품창고.

5-67

5-68

5-67
패르드크내팬 시니
어 코하우징의 공동
거실 한편에 마련된
TV와 독서 공간.

5-68
최상층에 마련된 옥외
테라스에서는 주민들
이 일광욕을 즐길 수
있다.

2 마이바켄 시니어 코하우징Majbacken Senior Cohousing

위치: 스웨덴 예테보리(Göteborg)
주소: Majbacken Senior Cohousing
　　　　Hellstedtsgatan 7
　　　　414 56 Göteborg, Sweden
홈페이지: http://www.majbacken.org
입주 연도: 2006
건물 유형: 8층 아파트
개인 주택 수: 31
주민 수: 36
연락처: E-mail) info@majbacken.org
　　　　　Tel) +46 73 839 23 40

　　　마이바켄은 스웨덴의 제2도시 예테보리시 중심지인 마요
르나Majorna에 위치하고, 예테보리에서 가장 큰 시니어 코하우징이
다. 이곳은 대중교통 이용이 편리하고 공공 서비스의 접근이 쉽다.
마이바켄 시니어 코하우징은 8층짜리 아파트 단지로 31개의 개인 아
파트가 있으며 주변에 아름다운 공원이 인접해 있다.

　　　마이바켄 코하우징은 조합을 구성하여 주택회사인 파밀리
에부스태더Familjebostäder로부터 원래 공영 임대주택이었던 아파트
의 한 블록 전체를 임대하여 조합원들에게 재임대하는 방식을 취하
였다. 2003년 가을에 처음으로 뜻있는 사람들이 파밀리에부스태더
주택회사와 접촉했는데, 이것이 마이바켄의 시작이었다. 2004년 가

5-69

5-70

5-69
8층 아파트의 한 블록을 사용하는 마이바켄 시니어 코하우징 외관. 오른쪽에 단층 건물의 코먼하우스가 보인다.

5-70
마이바켄 시니어 코하우징의 개인 아파트 입구.

을에 마이바켄 조합이 구성되었고 임대 계약을 체결한 뒤 7명의 주민이 입주를 시작하였으나, 대부분의 주민은 2006년에 입주하였다.

마이바켄 시니어 코하우징은 부부 중 한 명이 40세 이상이면서 자녀와 동거하지 않는 인생의 후반기를 맞이한 사람들을 위한 주택을 만들기 위해 설립되었고, 주민들은 가능하면 다양한 연령대와 남성

과 여성의 수가 비슷하게 구성되기를 희망한다. 그들은 이러한 다양
성이 공동체의 성공적인 운영에 도움이 되리라 믿는다.

　　　마이바켄 코하우징에 입주하려면 공동체 이념에 동의하
는 조합의 회원이 되어야 한다. 조합원의 회비는 2000 스웨덴 크로나
(260,000원)이고 추가로 아파트 임차자의 연회비는 475 스웨덴 크로
나(61,750원)다. 회원 전체가 모이는 회의는 매달 한 번 열리고 새 회
원도 이 회의에서 뽑는다. 주민들은 마이바켄 시니어 코하우징에 살
면서 누구도 외롭다고 느끼지 않고 각자가 가진 지식과 기술을 나누
며 서로를 격려한다. 마이바켄 시니어 코하우징에서는 여러 가지 방
법으로 생활을 쉽고 재미있으며 경제적으로 만든다. 마이바켄의 이
념은 함께 살면서 협동 작업을 통하여 이웃과 풍부한 사회 교류를 하
고, 환경과 에너지 보전에 관심을 가지는 것이다. 주민들은 공동체
안에서 일어나는 일에 대하여 공동으로 책임을 진다.

　　　마이바켄에는 세 가지 유형(1~3R+K)의 31개 아파트와
200㎡의 넓은 공간을 가진 코먼하우스가 있다. 아파트 입구에 위치
한 단층의 코먼하우스는 원래 보육원이었던 건물을 개조한 것으로,
이 안에는 공동 부엌, 식당, 공동 사무실, 도서실, TV실, 손님방 등이
있다.

마이바켄 시니어 코하우징의 기본적인 공동 활동은 1주일에 2회 있는 공동 취사와 공동 식사다. 공동 활동을 위한 그룹에는 취사, 인테리어 디자인, 손님방 관리, 정원 관리, 회원 관리, 주택 관리, 문화활동 그룹 등이 있다. 가장 중요한 취사 당번은 주민 모두의 의무이며, 5인 1조로 구성되어 6주 동안 두 번의 저녁 식사를 준비한다. 1년에 4번 하는 주택 관리 당번도 역시 의무로, 5인 1조로 구성되며 주택 입구, 지하실, 공용 공간, 아파트 주변을 청소한다. 이러한 주택 관리를 수행한 비용은 주택회사로부터 환불받아 전체적으로 아파트 임대료를 절감시켜준다. 그리고 문화활동 그룹에서는 스토리텔링Story-telling부터 음악회에 이르기까지 다양한 문화행사를 조직한다. 이러한 다양한 공동 작업의 분량은 각 회원의 나이와 기여할 수 있는 능력에 따라 다르다.

마이바켄 시니어 코하우징에서의 생활은 일반 주택에서 얻을 수 없는 많은 이점을 준다. 주민들은 공동체에서 단지 이웃을 사귀는 것 뿐 아니라 서로 많은 것을 배운다. 공동체 생활을 통하여 주민들은 함께 여행하고 워크숍이나 파티를 열어 자신의 창의력을 개발할 수도 있다. 그 외에도 함께 살면서 여러 가지 자원을 절약할 수도 있다. 식비가 줄어들고 공동으로 사무실을 사용하며 컴퓨터, 부엌 용품, 여러 가지 장비, TV, 신문, 잡지, 도서, 자동차 등을 나누어

5-71
코하우징 생활의 꽃—마이바켄 시니어
코하우징의 공동 식사.
(사진: 마이바켄 홈페이지)

씀으로써 생활비를 절약할 수 있다. 또한 코하우징에서는 나이가 들
면서 주민들이 서로 비공식적인 상호 부양을 주고받고 필요할 때만
전문적인 공적 부양 서비스를 받기 때문에 사회적 복지 비용을 줄이
는 데에도 기여한다.

5-72

5-73

5-72
공동 활동을 알려주는 게시판.

5-73
집에 들어서는 사람을 반겨 주는 분위기의 마이바켄 시 니어 코하우징 현관 입구.

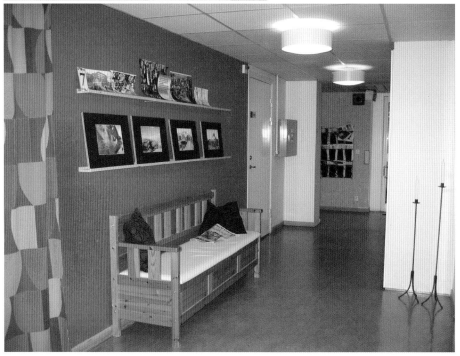

5-74

5-75

5-74
마이바켄 시니어 코하
우징의 개인 아파트
실내 1.

5-75
마이바켄 시니어 코하
우징의 개인 아파트
실내 2.

5-76
대형 조리 시설이 구비된 마
이바켄 시니어 코하우징의
공동 부엌.

5-77
널찍한 규모의 코먼하우스는
원래 보육원이었던 것을 개조
한 것이다.

| 5-78 | 5-78
마이바켄 시니어 코하우징 코먼하우스의 공동 거실 한 편에 마련된 독서 공간. | 5-79
코먼하우스에 공동 세탁기를 설치하여 세탁기를 개별적으로 구입할 필요가 없다. | 5-80
공동 세탁기 사용 예약판. |

5-79 | 5-80

5-81

5-82

5-83

5-81

한 달에 한 번 열리는 마이
바켄 시니어 코하우징의 주
민 파티-아바(ABBA)를 주제
로 한 파티.

5-82

마이바켄 시니어 코하우징의
주민 파티 2.

5-83

마이바켄 시니어 코하우징의
주민 파티 3.
(사진: **5-82~5-83**, 마이바켄
홈페이지)

3 루시넷 시니어 코하우징Russinet Senior Cohousing

위치: 스웨덴 룬드

주소: Russinet Senior Cohousing

　　　　Karl XII gatan 11 & 13

　　　　223 53 Lund, Sweden

홈페이지: http://russinetilund.dinstudio.se

입주 연도: 1999

건물 유형: 4층 아파트

개인 주택 수: 27

주민 수: ??

연락처: Anna–Stina Lövén

　　　　tel: +46 14 38 05

　　　스웨덴의 남부 도시 룬드Lund에 위치한 루시넷 시니어 코
하우징은 인생 후반부의 주민들이 모여 살면서 일상생활을 함께하
는 생활 공동체다. 루시넷 시니어 코하우징은 마이바켄과 마찬가지
로 조합을 구성하여 룬드 지방정부의 주택회사로부터 아파트 전체를
임대받아 회원들에게 재임대하는 방식을 취하였다. 룬드의 중심지인
스폴레가탄과 칼 12번가Spolegatan-Karl XII의 코너에 위치한 이 아파트
는 1999년에 지어진 현대식 아파트로 모든 설비가 잘 갖추어져 있다.
루시넷 시니어 코하우징에서 룬드 기차역까지는 도보로 겨우 5분 정
도 소요된다.

　　루시넷 시니어 코하우징에는 다양한 연령의 주민들이 사는데, 그들은 대부분 전문가와 활동적인 은퇴자들이다. 주민들은 40세 이상으로 자녀와 동거하지 않으면서 공동체 생활에 투자할 시간과 관심이 많은 사람들로서, 가족 상황과 직업 상황이 변화한 노후에도 생활을 보다 재미있고 용이하게 살고 싶어 하는 사람들이다.

　　루시넷 시니어 코하우징의 주된 공동 활동은 공동 식사와 공동 작업이다. 주민들은 함께 저녁 식사를 준비하고 주택과 정원 관리를 손수 한다. 주민들이 스스로 한 유지 관리 비용은 주택회사로부터 환불받아서 공동 비용으로 사용한다. 그러나 주민들이 직접 하기 어려운 작업은 주택회사로부터 서비스를 받기도 한다. 루시넷 시니어 코하우징에는 여러 개의 작업 그룹이 있어서 자신의 능력과 흥미에 따라 선택하여 의무적으로 참여한다. 현재 구성된 작업 그룹은 취사 당번, 실내디자인 그룹, 정원 관리 그룹, 컴퓨터 그룹, 도서실 그룹, 친목 그룹 등이다. 모든 주민은 4~5명이 한 조가 되어 일주일에 2회(화요일과 금요일) 공동 저녁 식사를 순번대로 준비하고 주민들은 쿠폰을 사서 식사한다. 취사 당번들은 장보기, 테이블 세팅, 조리, 접시 닦기 등을 함께 수행한다.

5-84

5-85

5-84
현대식 4층 아파트로 된
루시넷 시니어 코하우징
외관.

5-85
단지 중앙에 배치된 정원
은 주민들이 오가며 마주
치는 만남의 장소다.

5-86
루시넷 시니어 코하우징의
현관 입구.

5-87
공동 부엌, 식당, 도서실이
연계된 루시넷 시니어 코
하우징의 코먼하우스.

5-86

5-87

또 다른 의무사항은 주택 단지를 자치적으로 관리하는 것이다. 주민들은 10주마다 3인 1조가 되어 현관, 지하실, 계단, 기타 공동 공간을 청소한다. 이에 대한 유지 관리비는 매년 주택회사로부터 환불받아 공동 활동비나 코먼하우스의 인테리어에 사용한다. 매년 2회 전체 주민이 참가하는 대청소날이 있고, 청소를 끝낸 후에는 훌륭한 저녁 식사를 준비하여 함께 즐긴다. 그 외에도 영화, 강좌, 독서 클럽, 파티, 답사 등을 함께 함으로써 코하우징 공동체의 생활을 즐겁게 만든다.

루시넷 코하우징에는 7명의 대위원이 있고 이들은 여름 휴가철을 제외하고 매달 1회 주민회의를 준비하고 개최한다. 주민회의에서는 경제, 활동, 여행 등과 같은 공동체 전체의 활동과 계획에 대해 의논하고 결정한다.

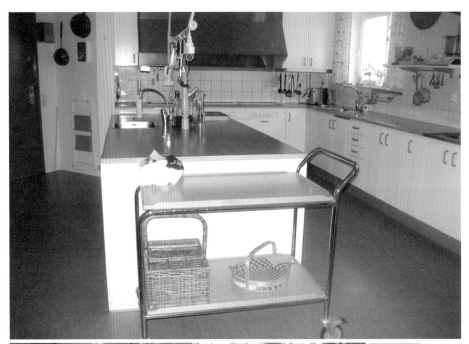

5-88

5-89

5-88
편리한 설비가 갖추어지
고 정갈하게 관리된 공동
부엌.

5-89
주민들이 공동 작업으로
가꾸는 정원.

5-90
루시넷 시니어 코하우징의
공동 세탁실.

5-91
코먼하우스의 회의실 안쪽
에는 조용한 독서실이 자리
잡고 있다.

5-92
조용하게 독서할 수 있도록 안정적인 분위기의
루시넷 시니어 코하우징의 독서실.

　　루시넷 시니어 코하우징에는 세 가지 유형(1~3R+K)의 아파트가 있고 규모는 40~92㎡다. 월 임대료는 5,270 스웨덴 크로나(약 685,000원)~9,186 스웨덴 크로나(약 1,200,000원)다(2015년 기준). 임대료에는 아파트당 9㎡에 해당하는 코먼하우스의 비용이 포함되어 있다. 코먼하우스에는 훌륭한 설비의 부엌, 식당, 도서실, TV룸, 세탁실, 사우나, 온탕 욕조, 취미실, 운동실, 옥상 테라스, 손님방, 온실, 정원 등이 갖추어져 있다. 코먼하우스에서는 인터넷, 신문, 컴퓨터, 프린터 등의 사무용품을 무료로 사용할 수 있다.

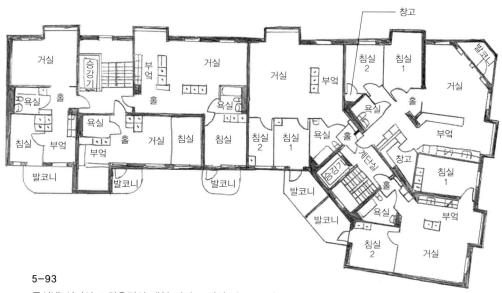

5-93

루시넷 시니어 코하우징의 개인 아파트 평면도(2~3R+K).

(자료: 루시넷 코하우징 홈페이지)

5-94

5-94
루시넷 시니어 코하우징 개
인 아파트 실내 1.

5-95
루시넷 시니어 코하우징의
개인 아파트 실내 2.

5-96

5-97

5-96
루시넷 시니어 코하우징의
개인 아파트 실내 3.

5-97
루시넷 시니어 코하우징의
공동 목공실은 갖가지 수
리 용구를 갖추고 있다.

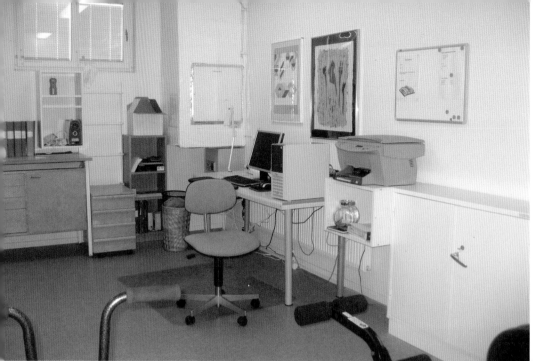

5-98
공용 사무용품이 잘 갖추어
진 루시넷 시니어 코하우징
의 공동 사무실.

5-99
루시넷 시니어 코하우징의
공동 식품창고.

4 쇠화르텐 시니어 코하우징Sjöfarten Senior Cohousing

위치: 스웨덴 스톡홀름

주소: Bogemenskapen Sjöfarten Senior Cohousing

Heliosgatan 19~23

120 61 Stockholm, Sweden

홈페이지: http://sjofarten.se

입주 연도: 2009

건물 유형: 5층 아파트

개인 주택 수: 46

주민 수: 56

연락처: Eva Norrby

tel) +46 8 6183012 / +46 70-8601 292

쇠화르텐 시니어 코하우징은 스톡홀름의 함마비Hammarby 바닷가인 헬리오스가탄Heliosgatan 19~23번지에 위치한다. 쇠화르텐의 건물은 2006~2008년까지 스톡홀름의 로젠베리 건축회사Rosenberg Architects AB.에서 알레산드로 리펠리노Alessandro Rippelino가 디자인하고 배름되 웍스 회사Värmdö Works AB가 건설하여 2009년 5월에 입주하였다. 쇠화르텐 시니어 코하우징도 다른 코하우징과 마찬가지로 조합을 구성하여 지방정부 공영 임대주택 회사인 파밀리에부스태더 회사로부터 아파트 전체를 임대받아 다시 조합원들에게 재임대하였다.

쇠화르텐 시니어 코하우징의 기본 이념은 모든 주민이 공동체에서 공동 식사와 주택 공동 관리에 참여하며 사는 것이다. 공동취사, 주택 관리 등의 공동 활동에는 의무적으로 참여해야 하고, 그 외의 활동에는 자발적으로 참여한다. 이러한 공동 활동 참여를 통하여 협동심을 기르고, 공동체의 비용도 절약할 수 있다. 주민들은 다양한 작업 그룹에 소속되고 여러 가지 비공식적이고 개인적인 레크리에이션 활동에도 참여한다.

주민들은 코먼하우스의 청소는 물론, 주거 단지 전체를 세 구역으로 나누어 일주일에 한 번씩 계단을 포함한 모든 공용 공간을 청소한다. 청소팀은 2인 1조로 구성되므로 개인적으로 보면 8주에 한 번 참여하면 된다. 1주일에 4번(화~금요일) 있는 저녁 식사의 취사 당번은 9인 1조로 구성되며 6주마다 일주일씩 차례대로 돌아간다. 취사 당번은 정해진 기준에 맞춰 메뉴를 짜고 식품 구입, 조리, 접시 닦기, 식당 뒷정리를 맡아서 한다.

쇠화르텐 시니어 코하우징 주민이 되려면 조합의 기본 이념에 찬성하여 조합에 가입해야 하고, 조합에서 조직하는 워크숍과 학습에 참여해야 한다. 조합 가입비는 1,000 스웨덴 크로나(130,000원)이고 연회비는 250 스웨덴 크로나(32,500원)다. 회원이 조합을 탈퇴할 때는 가입비를 환불해준다. 쇠화르텐에 살지 않는 사람

5-100
주민들의 친목을 도모하는 쇠화르텐 시니어 코하우징의 와인 파티. (사진: 쇠화르텐 홈페이지)

도 회비를 내면 조합에 가입하여 조리, 세미나, 영화 모임 등의 공동
체 활동에 참여할 수 있다.

현재 쇠화르텐 시니어 코하우징에는 9쌍의 부부를 포함하
여 56명의 주민이 살고 있다. 이 중 37명은 여성, 19명은 남성으로 주
민의 평균 연령은 59세다. 대부분이 은퇴자로, 주민의 절반 정도는
은퇴 전에 전문직 종사자였다. 또 주민 중 몇 명은 이미 코하우징에
서 살았던 경험이 있지만, 대부분은 코하우징 생활이 처음인 사람들
이다. 주민들은 협동체 안에서 사는 것이 민주적이고 환경을 보호하
며 즐겁게 생활하는 것이라는 기본적인 이념을 믿고 있다.

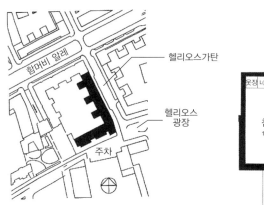

5-101

쇠화르텐 시니어 코하
우징의 배치도와 개인
아파트 평면도.

a   2R+K(40㎡)

b   2R+K(59㎡)

c   3R+K(73㎡)

d   3R+K(70㎡)

(자료: http://sjöfarten.se)

쇠화르텐의 건물은 지하실, 개인 아파트, 코먼하우스의 세 부분으로 구성된다. 거주 공간은 1~3R+K의 평면으로 1~4층에 위치하고 5층에는 434㎡ 규모의 코먼하우스가 있으며 여기에는 공동 부엌, 식당, 취미실, 라운지, 도서실, 사우나실, 운동실, 그리고 손님방이 있다. 모든 층에는 엘리베이터가 설치되어 있고 각 세대는 지하실에 개인 창고를 가지고 있다.

개인 아파트는 1R+K가 19호, 2R+K가 18호, 3R+K가 9호로 전체 46호다. 각 아파트에는 설비가 잘 갖추어진 부엌과 발코니, 테라스가 있다. 아파트의 보증금은 ㎡당 300 스웨덴 크로나(39,000원)이고 이사해 나갈 경우에는 환불해준다. 아파트 월 임대료는 1R+K가 7,200~7,560 스웨덴 크로나(936,000~983,000원), 2R+K가 9,570~9,650 스웨덴 크로나(1,244,000~1,255,000원), 3R+K가 10,960~11,220 스웨덴 크로나(1,425,000~1,460,000원)다(2015년 기준).

주택의 할당은 빈집이 생겼을 때 위원회에서 대기자 중에서 코하우징 생활에 관심이 있는 사람과 면담하여 결정한다. 입주 예정자는 아파트 임대료의 10%를 우선 지불하고 나머지 임대료는 입주 1개월 전에 지불한다.

5-102

5-103

5-102
2009년에 입주한 5층 아
파트로 된 쇠화르텐 시니
어 코하우징 외관.

5-103
헬리오스가탄 거리에 면
한 쇠화르텐 시니어 코하
우징의 입구.

5-104
쇠화르텐 시니어 코하우징의
개인 아파트로 들어가는 복
도는 층별로 다른 색깔로 칠
해져 있어 주민이 자기 집을
찾기 쉽다.

5-105
쇠화르텐 시니어 코하우징의
현관 입구는 빨간색으로 칠해
져 활기를 준다.

5-104

5-105

5-106
밝고 환한 분위기의 쇠화르텐 시니어 코하우징 중정.

5 소켄스투간 시니어 코하우징

Sockenstugan Senior Cohousing

위치: 스웨덴 스톡홀름 남부 섀르토프(Kärrtorp)

주소: Kollektivhuset Sockenstugan

Statarödsvägen 9

128 38 Skarpnäck, Sweden

홈페이지: http://sockenstugankollektiv.nu

이메일: sokenstugan@gmail.com

입주년도: 1999

주택유형: 3층 아파트

주택 수: 44

주민 수: ??

연락처: Ingrid Eckerman

ingrid.eckerman@sockenstugan.se/ ingrid@eckerman.nu

소켄스투간 시니어 코하우징은 스톡홀름 남부의 교외 지역인 섀르토프Kärrtorp에 위치하는데, 이곳은 교외지만 매우 편리한 지역이다. 소켄스투간은 현대식 아파트와 1930년대에 지어진 스모빌로나småvillorna 사이에 위치해 있으며 작은 도심지에는 슈퍼마켓, 음식점, 중고품 가게, 약국, 은행, 극장과 영화관이 있다.

소켄스투간에서 수영할 수 있는 호수까지는 자전거로 10분, 우드랜드 묘지Woodland Cemetery까지는 걸어서 15분 거리다.

5-107

5-108

5-107

소켄스투간 시니어 코하우징의 안내판.

(사진: 소켄스투간 홈페이지)

5-108

소켄스투간 시니어 코하우징의 배치도. 아파트 2동 사이에 단층의 코먼하우스를 증축하고 중정에는 넓은 정원이 위치한다.

(사진: Mikael Krantz)

전차를 타면 15분 만에 스톡홀름 중심지에 도착할 수 있고 근처에 여러 노선의 버스 정류장도 있다.

소켄스투간 시니어 코하우징은 3층짜리 아파트 2동과 코먼하우스로 구성되어 있다. 이 건물은 원래 1947년에 건설된 것인데 1999년에 리모델링하여 소켄스투간 주민들이 입주하였다. 여기에는 전체 44개의 아파트가 있으며 규모는 31~70㎡로 각 아파트에는 다락과 창고가 포함되어 있다. 많은 활동이 코먼하우스에서 이루어지기 때문에 개인 아파트는 소규모다.

건물은 넓은 정원으로 둘러싸여 있고 아파트 2동 사이에 넓은 부엌, 두 개의 큰 거실, 손님방들이 갖추어진 단층의 코먼하우스를 새로 증축하였다. 넓은 거실과 부엌은 여럿이 모여서 파티를 하기에 적합하다. 지하에 있는 취미실, 사우나실, 운동실도 매우 유용하게 사용되고, 손님방은 저렴한 비용으로 손님들이 숙박할 수 있게 되어 있다. 공동 정원이 넓어서 희망하는 주민은 작은 개인 정원을 분양받아 가꿀 수 있다. 집 뒤에는 퇴비장, 자전거 보관소, 주차장 등의 공유 공간이 있다.

5-109

5-110

5-111

5-109
1947년에 지어진 아파트를
1999년에 리모델링한 소켄스
투간 시니어 코하우징 아파트
입구.

5-110
소켄스투간 시니어 코하우징
아파트 앞의 넓은 공동 정원은
개인 정원으로 분양받아 사용
할 수 있다. (사진: 5-109~5-
110, Mikael Krantz)

5-111
소켄스투간 시니어 코하우징의
주민들은 넓은 정원을 자랑으
로 생각하고 공동 작업을 통하
여 관리한다. (사진: 소켄스투간
홈페이지)

	5-113
5-112	5-114

5-112
넓찍한 정원 안에 마련
된 주민들의 휴식 공간.

5-113
아파트 2동 사이에 위치
한 단층의 코먼하우스.

5-114
소켄스투간 시니어 코
하우징의 코먼하우스
로 주민들이 모여든다.
(사진: **5-112~5-114,**
Mikael Krantz)

소켄스투간 시니어 코하우징도 다른 코하우징과 마찬가지로 조합을 구성하여 공영 주택회사인 파밀리에부스태더로부터 아파트를 임대받아 조합원들에게 재임대하였다. 소켄스투간에 입주하려면 우선 조합에 가입해야 한다. 일단 회비를 납부하고 조합원이 되면 외부에 살더라도 코하우징 내의 여러 가지 활동과 취사 작업, 공동 식사에도 참여할 수 있고 미리 주택을 둘러볼 수 있는 기회도 준다. 조합의 입회비는 100 스웨덴 크로나(13,000원), 연회비는 200 스웨덴 크로나(26,000원)다.

소켄스투간 시니어 코하우징에 입주하려면 40세 이상이면서 동거하는 자녀가 없어야 한다. 그리고 취사, 청소, 정원 관리 등의 공동 작업에 참여하고 공동체 생활에 관심이 있어야 한다. 일단 코하우징에 입주하면 누구나 자기 역할을 수행해야 하지만, 개인의 사정과 역량만큼 참여하면 되기 때문에 코하우징에 살면서 나이가 들거나 몸이 아파진다고 해도 큰 문제가 되지는 않는다. 소켄스투간 시니어 코하우징 주민들은 나이가 들어 기운이 없어져도 연대감 안에서 서로 돕고 갈등이나 불화가 없이 잘 어울려 살므로 생활만족도가 높다.

5-115
천장이 높고 널찍한 소켄스
투간 시니어 코하우징의 코
먼하우스 내부.

5-116
소켄스투간 시니어 코하우
징 코먼하우스의 공동 부엌.

공동체의 주요 사안은 주민회의에서 결정된다. 주민 중에는 대부분 독신자가 많아 이웃을 마치 가족처럼 생각하지만 상호 간에 프라이버시를 지키는 일도 중요시한다. 공동체 안에는 20개의 작업 그룹이 있어서 공동 활동을 운영하고 주택을 관리한다. 취사, 정원 관리, 청소 작업은 의무사항이지만 공동 식사, 정원 사용은 의무가 아니다. 휴가철을

| 5-117 |
| 5-118 |

5-117
소켄스투간 시니어 코하우징에서는 안 쓰는 물건을 싸게 판매하는 시장이 열리는데 주민들의 호응이 좋다(실내 벼룩시장).

5-118
주민들이 함께 사용하는 공동 목공실에는 모든 장비가 잘 갖추어져 있다.
　　(사진: **5-115~5-118**, Mikael Krantz)

제외하고는 월요일부터 금요일까지 매일 공동 저녁 식사를 하고 식사 후에 분위기가 좋을 때는 다른 활동으로 이어지기도 한다. 평일 오후에는 언제나 함께 커피를 마신다. 공동체에서는 수년 동안 벼룩시장도 운영해 오고 있는데 주민들의 호응이 매우 좋다.

　　　소켄스투간 시니어 코하우징에서는 많은 사업을 하는데 운영위원회에서는 가능하면 많은 주민에게 작업이 순번대로 돌아감으로써 주민 모두가 공평한 업무량을 가지고 최소한 1개 이상의 작업 그룹에 소속되기를 희망한다. 취사 당번은 10~12명이 1조로 구성되고 월~금요일까지 일주일간 담당한다. 당번들은 2주 전에 만나서 메뉴를 정하고 계획을 세운다. 메뉴는 채식주의자를 위한 음식을 포함하고 홈쿠킹을 위주로 한다. 취사 작업은 1일 1회에 3시간 정도가 소요되고 나머지 날에는 미리 쿠폰을 사서 준비된 음식으로 식사만 하면 된다. 식당에 못 갈 경우에는 도시락을 신청할 수도 있다.

　　　주민들은 공동으로 계단과 코먼하우스를 청소하고, 일 년에 한 번 취미실, 부엌, 창문 등의 대청소도 하는데 계단 청소 비용은 주택회사로부터 환불받는다. 조경 디자인을 하는 작업 그룹이 따로 있어서 큰 나무를 제외한 정원 관리도 주민들이 직접 하며 도로 청소와 제설 작업도 한다. 각 작업 그룹은 1년에 최소 10시간의 정원 관리 작업을 해야 한다. 봄, 가을에 모두 모여 정원에 꽃을 심고 정원 관리 비용은 주택회사로부터 환불받는데, 이 비용 때문에 주민들은 전체적으로 낮은 임대료를 지불한다.

5-119

침실, 거실, 부엌이 한 공간에 계획
된 독신자용 스튜디오형 주택 평면
(1R+K).

(자료: 소켄스투간 홈페이지)

소켄스투간 시니어 코하우징 입주 시기는 경우에 따라 다르기 때문에 예측하기 힘들다. 빈 아파트가 생겼을 때 주택 할당은 이미 코하우징에 살고 있는 주민에게 우선권이 주어지고, 그 후에 외부의 조합원에게 공고가 나가면 관심 있는 사람이 신청한다. 입주담당위원회는 면담을 통하여 성별, 연령, 건강 상태에 따라 신청자 중 입주자를 결정하고, 이를 주택회사에 추천하면 파밀리에부스태더가 임차인과 임대 계약을 맺게 된다. 그러므로 진정으로 소켄스투간에서 살기를 희망한다면 빈 아파트가 생겼을 때 우선 입주하였다가 이후에 마음에 드는 집으로 옮기는 것이 좋은 방법이다. 소켄스투간 시

니어 코하우징에서는 공동체의 미래를 위하여 보다 나이가 젊은 주
민이 입주해오기를 희망하고, 또 주민의 25%가 남성이기를 희망하
므로 이러한 조건에 맞는다면 먼저 입주 신청한 사람보다 더 일찍 입
주할 수도 있다. 그러므로 은퇴 후에 소켄스투간 시니어 코하우징에
서 살기를 원한다면 미리 직장에 있을 때 입주 신청을 하는 것도 좋
은 방법이다.

에필
로그

Epilogue

Epilogue

　　세계적으로 고령화가 급속하게 진행되고 있는 추세를 볼 때, 우리나라에서도 가까운 미래에 자녀들로부터 독립하여 자립적으로 살고자 하는 건강한 노후 세대를 위하여 시니어 코하우징의 개발이 요구되리라는 점을 유추할 수 있다. 이런 요구에 대응하기 위하여 본서에서는 시니어 코하우징이 성공적으로 운영되고 있는 스칸디나비아 국가인 덴마크와 스웨덴의 시니어 코하우징 사례를 구체적으로 알아봄으로써 국내 노후 주거 개발 대안으로서의 가능성을 탐색해 보았다. 그러나 아무리 좋은 제도라고 하더라도 국가마다, 국민마다 경제 사정과 문화적 배경이 다르기 때문에 동일한 제도를 외국으로부터 일괄적으로 도입하기에는 여러 가지 어려움이 따르는 것이 사

실이다. 그러므로 본 저자들은 앞으로 우리나라에 시니어 코하우징
을 개발할 때의 과제와 제안을 다음과 같이 제시하고 싶다.

우리나라의 경우, 현재 50대 이상의 중·장년층, 즉 베이비
부머baby boomer 이상 세대 중에는 자녀들로부터 독립하여 은퇴 후
노부부 또는 독신으로 생활할 수 있는 새로운 주택 대안을 강구하는
사람들이 증가하고 있다. 이들을 위한 노후 주택 대안으로 시니어 코
하우징 운동이 벌어졌으면 하는 바람이다. 시니어 코하우징의 개발
은 미리부터 잘 알고 있는 사람들 사이에 미래 주민 모임을 결성하고
건축가 또는 코하우징 코디네이터와의 긴밀한 협동하에 구체적인 단
지 계획 디자인이 이루어지는 것이 이상적이다.

그러나 코하우징과 어느 정도 유사한 성격의 국내 동호인
주택 사례를 본다면 부동산 대부분이 개인 소유이고, 대지와 주택난
이 극심한 우리나라의 특성 때문에 개인 주택 공간을 최소화하고 이
를 대신 코먼하우스를 위한 면적에 투자하는 것을 재산상의 불이익
으로 생각하는 경향이 많았다. 이러한 경향은 주민들 간의 의견차를
심화시켜 궁극적으로 불화를 유발하여 성공적인 공동체 생활의 실패
를 가져오기도 하였다. 그러므로 개인 소유의 시니어 코하우징을 계
획한다면 미래의 주민들 스스로가 처음부터 생활의 질과 물질적인
이익 중에서 어느 것을 우선적으로 추구할 것인가를 심각하게 고려

한 후 결정하는 것이 성공의 중요한 관건이 되리라 생각한다. 이러한 부작용을 방지하기 위해서는 스칸디나비아 국가들에서 이미 시행했던 것처럼 비교적 재산권 갈등이 적은 공공 임대주택 분야에 시범적으로 시니어 코하우징을 도입하여 운영해보는 방법을 고려해 볼 수 있을 것이다.

스칸디나비아 국가들은 사회복지와 주거복지의 측면에서 다각적으로 시니어 코하우징 설립을 지원하는 정책을 시행하고 있다. 이러한 정책적 지원의 바탕에는 정부가 시니어 코하우징의 주민들이 나이가 들어도 자치적으로 생활할 수 있도록 지원함으로써 공공 복지 수혜 기간을 최대한 늦출 수 있으므로 넓게 보면 노인 부양에 투입되는 사회적 복지비용을 줄여주는 효과가 있기 때문이다. 또한 공공 임대주택 단지의 한 부분에 시니어 코하우징을 건설하여 보급하는 경우가 많은데, 이는 임차인들이 민영보다 공영 임대주택에서 안정적으로 거주하면서 희망하는 공동체 생활을 영위할 수 있게 지원해주는 방안이 될 수 있다. 따라서 앞으로 국내에서 개발을 준비하는 공공 임대주택 단지의 1~2개 동을 우선적으로 시니어 코하우징으로 개발하여 보급해 본다면 코하우징이라는 새로운 주거 대안을 일반인들에게 알리고 지원해줄 수 있는 방안이 될 것이며, 그 결과가 성공적이라면 점차 민영 주택 단지에서도 임대, 또는 분양의 방식을 시도해 볼 수 있을 것이다.

최근에 지방정부에서 노후된 다세대주택을 구입하여 개조한 후 저소득층 가구에 임대하는 사업을 벌이고 있는데, 이 중 몇 개를 시니어 코하우징으로 개조해 보는 것도 새로이 코하우징을 설립하는 것보다 비교적 쉽게 접근할 수 있는 대안으로 생각한다.

국내의 일부 지자체 농촌 지역에서는 자녀들이 도시로 모두 떠난 후, 홀로 사는 노인들이 마을 회관에 모여서 공동으로 거주하며 상호 부양을 통하여 정서적, 경제적 지원을 받으며 생활하는 사례가 있는데, 이 사례를 한국형 시니어 코하우징의 사례로 간주할 수 있을 것이다. 따라서 마을회관형 시니어 코하우징을 농촌 지역에서 활용 가능한 노후 주거의 대안으로써 계속 지원하고 부족한 점을 개선해나갈 필요가 있다.

시니어 코하우징 주민의 입주 자격으로는 연령 이외에도 코하우징의 취지와 생활방식을 미리 충분히 알리고 이에 호응하는 대상자만을 선별적으로 입주시키는 것도 공동체의 성공을 위하여 제안하는 점이다. 코하우징에 있어서 이미 오랜 역사와 경험을 가지고 있는 덴마크와 스웨덴에서도 공공 임대 코하우징의 경우, 누구나 지원할 수 있는 자격이 있기 때문에 코하우징의 기본 이념을 모르는 채, 교통이나 입지적 조건만 보고 입주한 사람들이 간혹 공동체 생활에 대한 참여도 저조 또는 무관심을 나타내어 공동체의 문제로 부각

되기도 했다. 이러한 현상을 방지하기 위하여 현재는 공공 임대형 코하우징에 빈집이 생겼을 때 주민위원회가 정부의 임대주택 당국과 협의하여 주택 신청 시에 미리 그 단지의 취지를 알리고 공동체 생활에 동의하는 주민들만 입주할 수 있도록 권유하고 있다. 이러한 방법이 궁극적으로는 코하우징의 수명을 연장시키고 주민들의 생활만족도를 높이는 데에도 크게 기여할 것이다. 머지않아 국내에서도 협동주택의 개발을 수월하게 하는 지원책이 발달하여 시니어 코하우징을 포함한 다양한 코하우징의 개발이 시도되기를 기대해 본다.

참고문헌

단행본

주거학연구회(2000), 『더불어 사는 이웃, 세계의 코하우징』, 교문사.

최정신·이언 폴손(2006), 『스칸디나비아 노인용 코하우징의 계획과 적용』, 집문당.

Ambrose, Ivor. (1993). *Etablering af seniorbofællesskaber, Erfaringer fra 3 projekter i Odense*, SBI-meddelse, 97. Statens Byggeforkningsinstitu. Hørsholm, Denmark.

Daatland, Sven Olav. Gottschalk, Georg. Høyland, Karin. Jensen Susanne Palsig. Jónsdóttir, Sigriður. Kurenniemi & Paulsson, Jan(2000). *Future Housing for the Elderly, Innovations and Perspectives from the Nordic Countries*. Nordic Council of Ministers. Copenhagen Denmark.

Danish Building Research Institute(1984). *SBI Report 187; Cohousing Communities, Collection of Examples*, København. Denmark.

Durrett, Charles(2005). *Senior Cohousing, A Community Approach to Independent Living*. Habitat Press. Berkley, USA.

Durrett, Charles(2009). *The Senior Cohousing Handbook*, New Society Publishers, BC. Canada.

Fich, M., Mortensen,P.D. & Zahle, K. (1995). *Old People's Homes*. Kunstakademiets Forlag-Arkitektskolen. 176~177. Copenhagen, Denmark

Foreningen Bofællesskaber for Ældre(1997). *Registerant over 42 danske seniorbofællesskaber*, Boligtrivsel I Centrum, København, Denmark

McCamant, Kathryn & Durrett, Charles(1994). *Cohousing, A Contemporary Approach to Housing Ourselves*. Ten Speed Press. Berkley, USA.

Paulsson, Jan (1997). *Det Nya Ädreboender, Idéer och begrepp, byggnader och rum (New Concepts and Design of Housing for the Frail Elderly). R3:1997*, Chalmers tekniska högskola, Göteborg, Sweden

Pedersen, Max (1999). *Seniorbofællesskaber*. BiC(Boligtrivsel i Centrum). København. Denmark.

Pedersen, Max (2000). *Nybygerre i den tredje alder, om bofællesskaber*. BiC(Boligtrivsel i Centrum). København. Denmark.

SABO(1992). *Rrapport no.32, företag utvecklar seniorboende- dokumentation av ett seminarium I Motalai*. maj 1992. SABO. Stockholm, Sweden.

학술지 게재와 학회발표 논문

최정신(2003), 「덴마크 자치관리모델(Self-work Model) 노인용 코하우징의 디자인 특성」, 『대한가정학회지』, 41(4), 1~19.

최정신(2003), 「스칸디나비아 노인용 코하우징 주민의 이주동기」, 『대한건축학회논문집 계획계』, 대한건축학회, 19(12), 129~138.

최정신(2005), 「스웨덴과 덴마크 노인용 코하우징 주민의 생활만족도 비교」, 『주거학회논문집』, 한국주거학회, 16(6), 149~160.

최정신·조재순(2006), 「스칸디나비아 노인용 코하우징 주민의 이주동기와 생활만족도의 성별차이」, 『한국가정관리학회지』, 한국가정관리학회, 24(1), 117~128.

최정신(2013), 「스웨덴 노인용 코하우징 주민의 이주동기의 시계열적 차이: 2001~2010년 10년간의 차이를 중심으로-」, 『한국가정관리학회지』, 한국가정관리학회, 31(3), 81~92.

Choi, Jung Shin & Paulsson, Jan(2003). A Study of Life and Physical Environment of Senior Cohousing in Scandinavian Countries, with Significance for Future Quality of Life in European Countries and East Asian Countries, *Proceedings of Stockholm Symposium on Nordic Studies*, Association of Nordic Studies, Sweden, Japan and Korea, Stockholm, Sweden.

Choi, Jung Shin (2004a). Perception of Senior Cohousing by Korean 50s Living in Seoul Area, *Proceedings of ENHR(European Network for Housing Research) International Conference*, Cambridge, UK.

Choi, Jung Shin (2004b). Evaluation of Community Planning and Life of Senior Cohousing Projects in Northern European Countries. *European Planning Studies 12(8). 1189-1216.*

Choi, Jung Shin & Paulsson, Jan(2011). Evaluation of Common Activity and Life in Swedish Cohousing Units. *International Journal of Human Ecology. Korean Institute of Human Ecology. 12(2).133-146*

Choi, Jung Shin(2013). Why Do People Move to Cohousing Communities in Sweden? -Are there any Significant Differences between the +40 Cohousing and the Mixed-age Cohousing?-. *Architectural Research. Architectural Institute of Korea. 15(2). 77-86.*

Choi, Jung Shin. Suh, Kueesook & Cho, Jaesoon(2014). Participation of Common Activities and Satisfaction with Common Space: In a tentative framework of housing adjustment for Swedish cohousing residents. *Journal of the Korean Housing Association. the Korean Housing Association. 25(4). 125-133.*

Paulsson, Jan(1996). New Concepts and Design of Housing for the Frail Elderly in Sweden. 『가톨릭대학교 국제학술심포지움 "한국노인 주택개발의 방향모색" 발표자료집』.

Vestbro, Dick Urban(2000). From Collective Housing to Cohousing-A Summary of Research. *Journal of Architectural and Planning Research. 17(2). 164-177.*

웹사이트

http://www.kollektivhus.nu/english/index_eng.html

http://www.majbacken.org

http://www.si.se

http://denmark.dk

http://www.cohousing.org

http://russinetilund.dinstudio.se

http://sjofarten.se

http://sockenstugankollektiv.nu

https://picasaweb.google.com/101174349304267895519/KomboPaBesokISock
   enstugan?authkey=Gv1sRgCMuglO6emPmgEw

팸플릿 자료

Äldres boende (2002), SABO. 팸플릿. Stockholm. Sweden.

DAB 팸플릿 2002

SABO 연간보고서 1992

Seniorgården 분양공고 팸플릿 2002. Stockholm. Sweden.

최정신

서울대학교 사범대학 가정교육과. 가정학사
홍익대학교 환경대학원 실내디자인 전공. 미술석사
한양대학교 대학원 실내환경디자인학과 주거학 전공. 문학박사
덴마크 왕립미술아카데미 가구와 실내디자인학과 수료
스웨덴 샬머스공과대학교 명예공학박사

가톨릭대학교 소비자 주거학 전공 교수
현재 가톨릭대학교 소비자 주거학 전공 명예교수
스웨덴 샬머스공과대학교 건축대학 주택디자인학과, 공간과 프로세스학과 객원연구원
스웨덴 샬머스공과대학교 건축학과 교환교수
Marquis Who's Who in the World 등재 2013~2016
Cambridge IBC(International Biographical Center) 인명사전 등재 2013~2016

저서: 『세계의 코하우징』(교문사, 2000)
　　　『유료치매노인 그룹홈의 개발과 관련정책』(집문당, 2003)
　　　『친환경주거』(발언, 2003)
　　　『안팎에서 본 주거문화』(교문사, 2004)
　　　『스칸디나비아 노인용 코하우징의 계획과 적용』(집문당, 2006)
　　　『실내디자인』(교문사, 2011)
　　　『넓게 보는 주거학』(교문사, 2013) 외 다수

이언 폴손Jan Paulsson

스웨덴 샬머스공과대학교 건축대학 건축학과 학사, 석사, 박사 졸업
스웨덴 샬머스공과대학교 건축대학 건축학과 교수
에테보리대학교 사범대학 주거학 강사
스웨덴 샬머스공과대학교 건축대학 건축학과 명예교수
스웨덴 국립 장애인협회(NHR) 회원

저서: 『세계의 코하우징』(교문사, 2000)
　　　『친환경주거』(발언, 2003)
　　　『스칸디나비아 노인용 코하우징의 계획과 적용』(집문당, 2006)
　　　Det Nya Ädreboender, Idéer och begrepp, byggnader och rum (New Concepts and
　　　Design of Housing for the Frail Elderly)(Chalmers tekniska hogskola, 1997)

스칸디나비아의 시니어 코하우징

초판 1쇄 발행일 2015년 11월 4일

지은이 최정신·이언 폴손(Jan Paulsson)
펴낸이 박영희
책임편집 유태선
디자인 김미령·박희경
마케팅 임자연
인쇄·제본 AP프린팅
펴낸곳 도서출판 어문학사
　　　　서울특별시 도봉구 쌍문동 523-21 나너울 카운티 1층
　　　　대표전화: 02-998-0094/편집부1: 02-998-2267, 편집부2: 02-998-2269
　　　　홈페이지: www.amhbook.com
　　　　트위터: @with_amhbook
　　　　페이스북 페이지: www.facebook.com/amhbook
　　　　인스타그램: amhbook
　　　　블로그: 네이버 http://blog.naver.com/amhbook
　　　　　　　　다음 http://blog.daum.net/amhbook
　　　　e-mail: am@amhbook.com
　　　　등록: 2004년 4월 6일 제7-276호

ISBN 978-89-6184-388-1 93330
정가 14,000원

이 도서의 국립중앙도서관 출판예정도서목록(CIP)은 e-CIP홈페이지(http://www.nl.go.kr/ecip)와
국가자료공동목록시스템(http://www.nl.go.kr/kolisnet)에서 이용하실 수 있습니다.
(CIP제어번호: CIP2015028291)

※잘못 만들어진 책은 교환해 드립니다.

이 책은 한국출판문화산업진흥원 2015년 우수출판콘텐츠 제작 지원 사업 선정작입니다.